2025 全国调味品行业蓝皮书

斯 波 著

中国纺织出版社有限公司

图书在版编目（CIP）数据

2025全国调味品行业蓝皮书／斯波著．--北京：中国纺织出版社有限公司，2025.3. -- ISBN 978-7-5229-2562-2

Ⅰ．F426.82

中国国家版本馆CIP数据核字第2025U89T27号

责任编辑：闫 婷　　责任校对：王蕙莹　　责任印制：王艳丽

中国纺织出版社有限公司出版发行
地址：北京市朝阳区百子湾东里A407号楼　邮政编码：100124
销售电话：010—67004422　传真：010—87155801
http://www.c-textilep.com
中国纺织出版社天猫旗舰店
官方微博http://weibo.com/2119887771
北京华联印刷有限公司印刷　各地新华书店经销
2025年3月第1版第1次印刷
开本：889×1194　1/16　印张：3.5　插页：4
字数：67千字　定价：100.00元
京朝工商广字第8172号

凡购本书，如有缺页、倒页、脱页，由本社图书营销中心调换

著作组成员名单

斯 波	沈 刚	廖国洪	李德建	冯 靖	李岳云	赵孔发	赵勇军	未鸿博
谢长青	蔡新华	钟南荣	张秀梅	周 颖	李通升	杨金平	张 彦	阮登明
施建平	于连富	朱俊松	胡 凯	李景平	周训兰	陶国平	陈帅荣	田其明
刘元福	舒立新	赵 辉	刘友辉	许朝辉	崔利新	于海涛	韦树谷	王德斌
胡学丽	张 敏	唐春红	唐 杰	刘钟栋	刘 飞	刘 晏	张云海	刘 丽
刘 元	刘宏伟	刘 勇	刘 强	杨姣平	杨 俊	杨 彬	杨 玲	杨四春
李山锁	李 耀	李建华	李文辉	李 俊	李 杰	李 建	李 彬	李 平
黄德高	黄东亮	黄 俐	王一平	王志朋	王 强	王海凤	钟定江	钟树文
钟 凯	陈小红	胡四新	胡 静	孙 勇	孙 虎	孙著书	崔江凤	崔盛盛
吕翠平	吕江华	冯 远	冯绪忠	冯 刚	朱 勇	朱华承	俞春山	余春明
蔡立民	韩锦友	肖丁凡	罗红梅	江新业	徐 浩	姜晓东	顾志国	詹兴超
马福平	孟舒池	沈 平	路雨亮	葛海林	游贤伟	侯艳军	郭文军	魏 泉
何爱娥	潘 龑	巴玉浩	高 天	谢文丽	师 波	邓雪峰	彭 刚	陶贵明
白德华	吴庆元	赵根修	廖运兵	邹兴成	周文德	周 青	卢春华	卢治乾
陈 辉	陈 立	陈文敏	陈晓刚	陈爱民	陈光友	陈 勇	陈山信	陈 超
张 栋	张骥东	张 建	张 军	张 刚	张 强	张国相	张智奇	张志峰
张建平	张 聪	张 俊	汪建新	高 伟	李俊祥	王冬林	王 彬	王应忠
吴 闽	李 静	邹 强	陈 斌	陈 波	陈 云	陈 宇	邓 坤	邓 涛
杜 军	高海龙	高 婕	高文军	何 健	何 为	何 欣	何 勇	黄建康
黄 波	黄 勇	胡 波	胡 东	梁 肖	廖 强	廖小兵	李 斌	李 波
李德江	李 德	李 峰	李海涛	李红亮	李宏伟	李 辉	李佳豪	李 健
李建辉	李 康	李 强	李亲水	李 顺	李铁军	刘 超	刘 勇	刘海涛
刘 辉	刘建南	刘 俊	刘 明	刘 强	李 燕	李颜伟	李泽辉	胡小欢

题　　字

全国调味品蓝皮书　推动调味品行业发展

国际辣椒联盟执行主席、国际火锅产业联盟主席、中国饭店协会火锅专业委员会主任、中国农业产业化龙头企业协会辣椒专委会主任、重庆德庄实业（集团）有限公司董事长

李德建　2016.3.23

全国调味行业蓝皮书，服务行业，引导消费，造福人类！

麻辣学社　胡远强　2025.1.7

全国调味品蓝皮书引领行业新思路新出路

网聚资本副总裁、《调味品营销第一书》作者　陈小龙　2016.3.23

全国调味品行业蓝皮书：服务行业　实现双赢

四川省川联川菜调料商会终身名誉会长、四川友联食品集团董事长　刘元福　2016.3.23

乐于奉献　光彩人生！

全国农业劳动模范、河南省南阳市唐河县新农辣椒专业合作社理事长、
唐河县华晟辣业有限公司董事长　贾群成　2016.3.25

全国调味品行业蓝皮书：引领行业发展，务实，落地，助推调味品转型升级，功在当代，利在千秋！

北京仙豪食品科技有限公司董事长、餐饮业国家一级评委、高级工程师、高级烹饪师、
中国大锅菜研发培训中心主任、中国农产品流通经纪人协会植物食学专委会常务副主任、
中国烹饪协会餐饮标准化和调味料专业委员会副主席、六位仙品牌创始人　张彦　2016.3.23

全国调味品行业蓝皮书，为调味品行业指引方向，为餐饮行业美味赋能，为全国人民生活健康保驾护航！

江苏星必德生态农业有限公司董事长　高海龙

全国调味品行业蓝皮书,引领行业发展走向世界

陶婆婆品牌创始人　陶国平

全国调味品行业蓝皮书促进行业健康发展

玉溪滇中云作食品有限公司总经理　谢长青

全国调味品行业蓝皮书引领全国调味品行业走向高端品质

山东味正品康食品科技有限公司总经理　于海涛

前　　言

转眼间，十年已过，《2025全国调味品行业蓝皮书》终于与大家见面。本书的诞生，离不开行业同仁的支持与帮助，也承载着我们对调味品行业未来的思考与展望。本书从理性调味、中国复合调味革新、健康调味趋势、鲜味科学与调味品创新演进、中国调味品消费趋势与市场变革及中国调味创新趋势等维度，尝试对中国调味品行业的现状进行梳理，并对未来发展方向提出一些浅见。

当前，调味品行业和餐饮领域正面临"反内卷"的挑战。在AI技术快速发展的新时代，消费者的需求与认知也在不断迭代。我们从消费需求的底层逻辑出发，尝试挖掘消费者认可的复合调味、呈味规律、川调、火锅调味、药食同源、健康刚需、鲜味创新等核心领域。这些探索或许能为行业的持续发展提供一些参考，但我们深知，这仅仅是行业前行路上的一小步。

调味情绪化指数的提出，是我们对消费调味领域的一次尝试性探索。通过场景消费开发、数据分析、消费动态追踪以及新消费传播规律的观察，我们试图揭示行业的热点与痛点，直面机会与挑战。然而，如何真正满足消费者的需求，依然是行业需要共同面对的难题。

复合调味的理性增长，让我们看到了"隐形数据"背后的消费逻辑和可持续发展的规律性。这或许能为调味品从业者提供一些方向，但我们深知，行业的未来仍需更多实践与探索。消费者的认可，始终是我们努力的方向。

调味品从业者的期盼与希望，调味品企业的实践与成果，尤其是全球范围内农产品加工制造的升级，正在推动行业向"智造"迈进。这一转变不仅体现了中国调味品行业的潜力，也为全球市场带来了新的希望。我们相信，中国调味品行业的现状与趋势，将在全球舞台上发挥越来越重要的作用。

人类对美食的追求离不开调味品，而中国调味品以其地域辽阔、种类丰富、体验升级的特点，正在成为全球消费者餐桌上的重要选择。健康调味的兴起，不仅改变了人们的饮食习惯，也为消费者提供了更多健康、美味的选择。调味的丰富性与多样性，正在为人类饮食文化注入新的活力。

最后，衷心感谢一直以来给予我们支持与帮助的同仁。正是你们的智慧与奉献，才让这本书得以问世。由于作者水平有限，书中难免存在不足与疏漏，恳请广大读者不吝指正。调味品行业的未来，需要我们共同努力。愿我们携手前行，为中国调味品行业的发展贡献一份微薄之力。

斯波

2025年2月9日于成都

目　　录

第一章　理性调味 ·· 1
　　一、无添加与科学添加 ··· 1
　　二、中国调味品行业预判 ·· 1
　　三、中国调味品赋能火锅 ·· 3
　　四、中国川菜调味 ··· 6
　　五、中国调味品热点分析 ·· 6
　　六、中国调味品本质探索 ·· 8
　　七、无预制不调味 ··· 9
　　八、辣椒的发展现状及趋势 ··· 10

第二章　中国复合调味革新 ·· 12
　　一、中国复合调味概述 ··· 12
　　二、中国复合调味原理 ··· 14
　　三、复合调味品的革命与创新 ·· 20

第三章　健康调味趋势 ··· 24
　　一、健康调味概述 ··· 24
　　二、药食同源健康调味 ··· 26

第四章　鲜味科学与调味品的创新演进 ··· 29
　　一、中国调味需要鲜 ·· 29
　　二、中国调味"鲜"现象 ··· 31
　　三、中国鲜调味科技 ·· 32

第五章　中国调味品消费趋势与市场变革 ·· 33
　　一、中国调味品消费特征 ·· 33
　　二、调味品电商的现状与未来 ·· 38
　　三、调味品市场的困境与出路 ·· 39

四、调味品销售的本质与未来 ·· 40

第六章　中国调味创新趋势 ·· 42
　　一、中国调味新价值 ·· 42
　　二、中国调味新力量 ·· 44
　　三、中国调味新变化 ·· 45
　　四、中国调味新特点 ·· 46
　　五、中国调味新功效 ·· 46
　　六、中国调味新规律 ·· 47

第一章　理性调味

一、无添加与科学添加

1. 无添加不调味

随着健康饮食趋势的兴起，单一食物原料及简约加工工艺成为优质调味品的现实。然而，所谓"科技与狠活"的误导性宣传并不科学，市场上也不存在绝对的"无添加"。添加与否是加工过程的自然属性，关键在于添加的合理性、合规性及必要性。合理添加不仅能提升食品品质，还能确保食品安全与健康。因此，一味强调"不添加"并无实际价值，重要的是确保配料表的透明与真实。市场宣传中的"不添加"一般指不添加甜味剂、防腐剂、色素和味精（图1-1）。

2. 科学添加的重要性

在调味加工中，食盐作为防腐剂的一种，其添加是必要的。整个调味产业倡导合理添加、规范添加、限量添加，以确保食品的安全与美味。同时，食品添加剂对提升食物安全、健康及美味都具有极大帮助，是推动调味产业发展的关键力量。GB 2760等国家标准为食品添加剂的使用提供了科学依据。

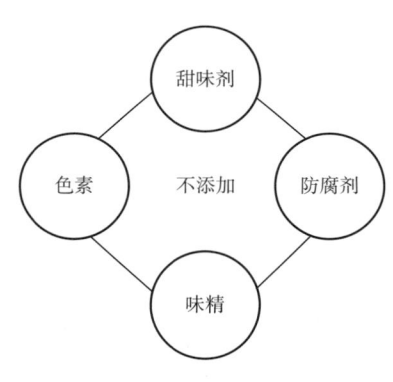

图1-1　"不添加"所指

二、中国调味品行业预判

1. 破局调味新思维

打破传统调味认知，以全频、全域、全链、全维、全程、全方面的视角审视调味行业（图1-2）。通过自我革命、自我淘汰、自我创新，推动调味行业向健康、高品质方向发展（图1-3）。同时，根据消费需求进行研发、生产及其源头供应协调。

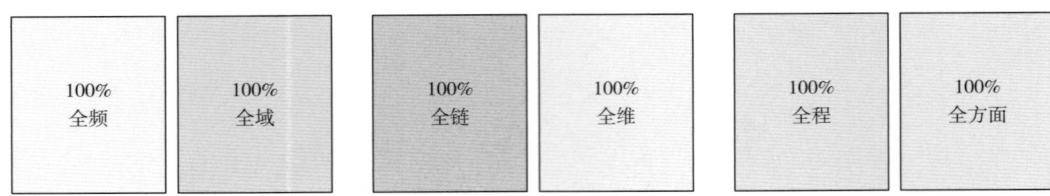

图 1-2 破局调味

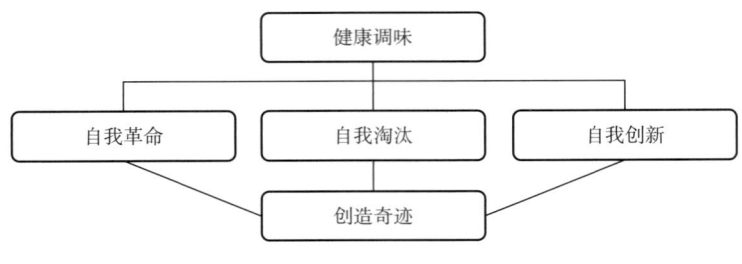

图 1-3 中国健康调味

2. 当前政策下的调味品发展

调味品企业应深度链接调味元素和基因，紧跟政策导向和消费趋势（图 1-4）。通过布局全球消费、发挥专长与专利科技、利用产业基金等手段，推动调味品行业的创新发展。同时，提高服务和效率，优化资产结构，实现产业链整合。

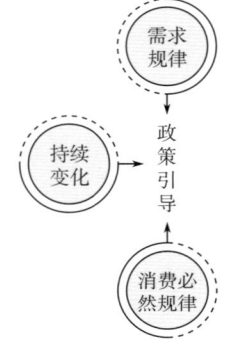

图 1-4 中国调味政策引导

3. 2025 年中国调味品发展路径

未来，中国调味品行业应坚持大出海战略，通过"一带一路"倡议拓展国际合作新市场。同时，全方位扩大调味消费需求，精准细化刚需调味品。在跨行业整合方面，应深化配置调味要素改革，提升全要素生产率（图 1-5）。此外，还须注重消费结构的升级和人口结构的变化，以满足多样化、个性化的消费需求（图 1-6）。

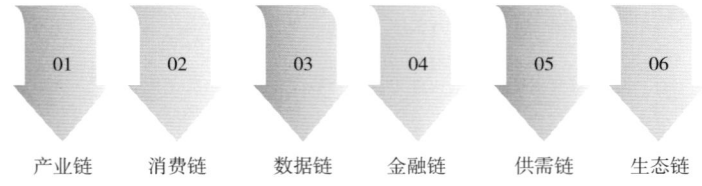

图 1-5 中国调味跨行业整合

4. 2025 年中国调味品企业布局

调味品企业应稳定现有销售和消费需求动态，确保源头供应和生产计划服务消费产生销售的有

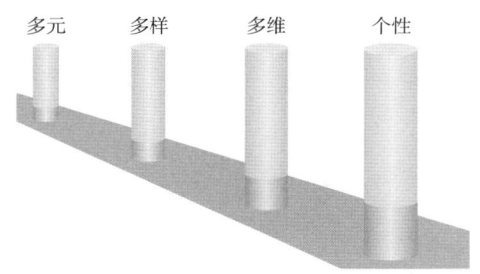

图 1-6　中国调味质量提升特点

效性。同时，积极推进新产品研发和创新，防范新产品投资风险。在巩固乡村振兴成果方面，应发挥地方特色优势，推动调味品行业的绿色发展。此外，还须总结过去经验，发现潜在消费行为并创新调味方式。

5. 2025 年中国调味品新趋势

未来，营养和健康的关注度将持续增高，调味品的健康功能将得到更多关注。同时，不浪费的消费理念将促使调味品功能最大化释放。在调味创新方面，天然调味、功能性调味等将成为新趋势（图 1-7）。此外，厨房化成菜品趋势也将引导消费变化和消费习惯的养成。

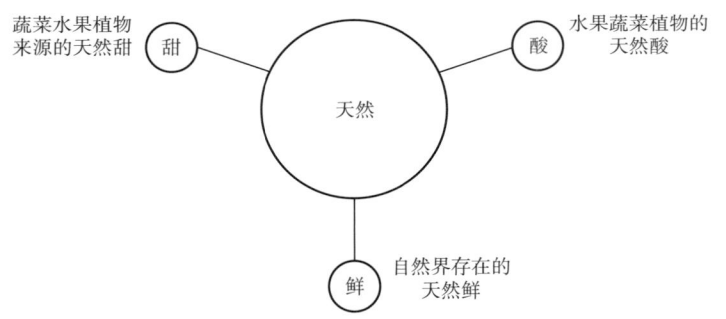

图 1-7　中国调味天然的必然性

三、中国调味品赋能火锅

1. 火锅调味品热点

随着尝鲜需求的不断上升，火锅调味品市场细分化趋势明显（图 1-8、图 1-9）。贵州酸汤等特色地方火锅备受欢迎，火锅性价比和质量也成为消费者关注的重点。在火锅调味品创新方面，企业应注重产品的多样化和个性化以满足不同消费者的需求。同时，火锅文化的升级和玩法的创新也将为火锅调味品市场带来新的增长点。

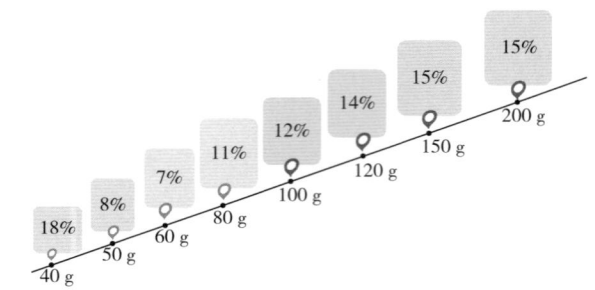

图 1-8　2024 年中国火锅调味粉现状

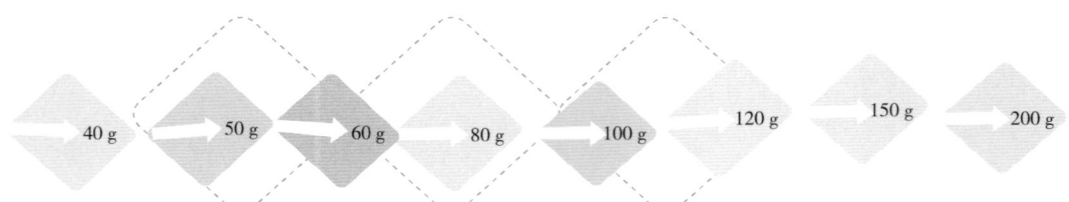

图 1-9　2024 中国火锅调味粉价格及成本情况

2. 火锅特色调味

火锅以其独特的"一锅煮万物"的特点吸引了无数消费者。在调味方面，涉及的相关调味品规模较大，形成一流的链式消费（图 1-10），火锅的调味应注重标准化和特色化的结合以满足不同消费者的口味需求。同时，创新方法和技巧的应用也将为火锅调味品市场带来新的活力，例如，川渝两地的火锅调味逐渐"轻油化"（图 1-11）。

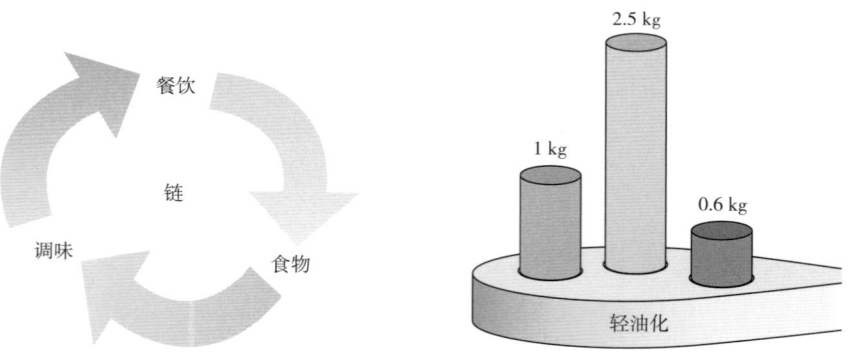

图 1-10　中国调味链　　　图 1-11　川渝火锅调味"轻油化"

3. 火锅盛行的必然

火锅作为人间烟火的代表具有广泛的群众基础和文化内涵（图 1-12）。其用餐舒适度高、互动性强等特点使其在众多餐饮方式中脱颖而出。同时，火锅也是菜品创新和变化的根源之一，将带动整个餐饮行业的标准化发展。

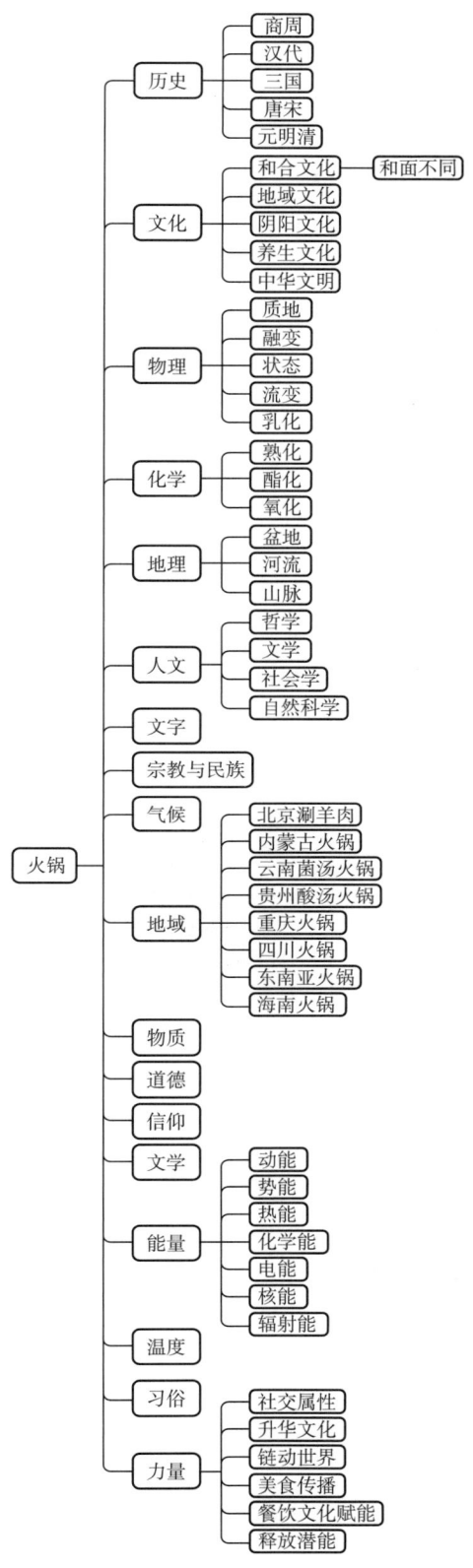

图 1-12　中国火锅全维认知

四、中国川菜调味

1. 川调的定义与未来

川调作为四川特色调味品具有悠久的历史和深厚的文化底蕴。然而，当前市场上对于川调的定义并不明确，什么是川调，什么不是川调，既说不清也道不明，整个行业都这样，不仅仅是消费者。未来，川调行业应注重源头把控和品质提升以满足消费者对健康、美味调味品的需求。

2. 川菜调味的发展与挑战

川菜作为中国四大菜系之一具有广泛的知名度和影响力。然而，在调味品方面川菜却落后于湘菜等菜系，全国58.8%的回锅肉调味市场被风味豆豉调料所代替，真正的回锅肉几乎消失，回锅肉调料的市场状况见图1-13。为了改变这一现状，川菜调味品行业应注重单品打造和品质提升以满足消费者对高品质调味品的需求。改变"有形无实"的局面，从消费出发，深挖消费，让消费夯实基础，大单品出局挂彩。

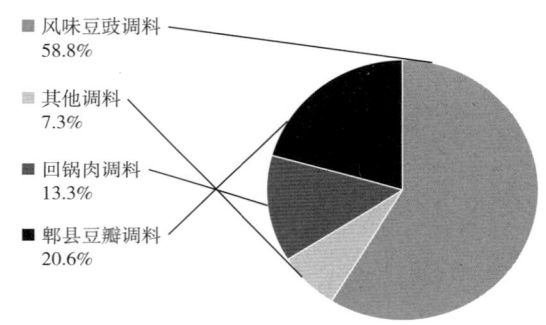

图1-13　2024年中国回锅肉使用调料现状

五、中国调味品热点分析

1. 低价与假货问题

当前调味品市场上低价和假货问题频发，严重损害了消费者的权益和影响了行业的健康发展。为了改变这一现状，企业应注重品质提升和品牌建设以增强消费者的信任度和忠诚度。流量转向场景服务，满足消费者和实体店的线上种草，线下拔草，生态消费建设，消费数据透明化。

2. 算力改变调味行业

随着科技的不断发展，算力在调味行业中的应用越来越广泛（图1-14）。通过利用算力技术企业可以更好地了解消费者需求和市场趋势，科技服务好私域流量，适度形成消费需要调味的规律，形成特征鲜明的共性。同时，算力技术的应用还将推动调味行业的智能化和数字化发展。

图1-14 中国算力改变调味

3. 调味品企业思维转变

面对日益激烈的市场竞争，调味品企业需要转变传统思维方式，共同目标实现企业目标和个人期待，导向共同价值，创新业绩。同时，还应加强市场洞察力和创新思维，以应对不断变化的市场需求。

4. 餐饮倒闭与调味品行业的关系

当前餐饮行业面临严峻挑战，倒闭现象频发。作为餐饮行业的上游产业，调味品行业也受到了一定影响。为了应对这一挑战，调味品企业应注重产品创新和服务提升，以满足餐饮行业的需求变化。

5. 当下调味品困局与解决方案

当前调味品行业面临同质化严重、动销不足等困局，抓不到消费者痛点，无法获得消费者认可和信任（图1-15）。为了突破这些困局企业需要注重差异化竞争和品牌建设以增强市场竞争力。同时，还应加强渠道拓展和营销推广以扩大市场份额。

6. 中国调味品自由竞争力提升

为了提升中国调味品的自由竞争力，企业需要注重品质提升和品牌建设以增强消费者的信任度和忠诚度。扎根消费的调味及服务，形成核心价值的调味基因，具有自主定价权。

7. 经济下行下的调味品行业发展策略

面对经济下行的压力，调味品企业需要采取积极措施应对挑战，增强内核能源（图1-16）。先卖再生产，扎根向下，问鼎消费的初衷，找到卖和买的共同价值，解决"供强需弱"的问题。

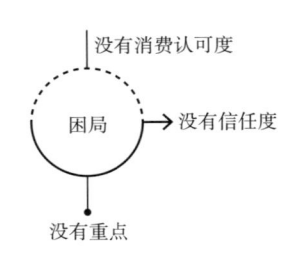 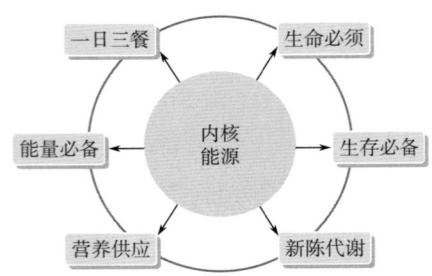

图 1-15　中国调味当下困局　　图 1-16　中国调味内核能源

六、中国调味品本质探索

1. 影响调味品味道的因素

调味品的味道受到多种因素的影响，包括热反应、分子振动、分解反应等。味"键"形成，不同肉类形成不同风味，因 Fe^{2+}、Fe^{3+}、S 等决定肌红蛋白质量，通过不同风味形成可以判断其不同肉类源头品质，出现不同的美食体验，如谷饲和草饲的肉类是不一样的。

2. 影响调味品色泽的因素

调味品的色泽也是影响其品质的重要因素之一。热量、酸度、氧化反应等因素都会对调味品的色泽产生影响。因此，在调味品的生产过程、自然形成、原料处理需要注重色泽的控制和调整以确保产品的美观度和吸引力。

3. 影响调味品口感的因素

调味品的口感是其品质的重要体现，口感触觉、口感特征、口感因素。热量等因素都会对调味品的口感产生影响。因此，在调味品的制作过程中需要注重口感的调整和优化以满足消费者对美味调味品的需求。

4. 中国拌饭调味品与方便调味的发展

随着生活节奏的加快，拌饭调味品和方便调味逐渐受到消费者的青睐。这些产品以其便捷、美味的特点满足了现代人对快餐的需求。未来，随着技术的不断进步和消费者需求的不断变化，拌饭调味品和方便调味市场将迎来更加广阔的发展前景（图 1-17、图 1-18）。

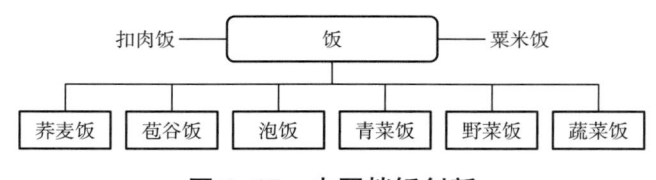

图 1-17　中国拌饭创新

5. 中国调味品的新分类及其相互作用

中国调味品新分类，酸、甜、苦、辣、咸等。这些元素之间相互作用共同构成了中国调味品的丰富性和多样性。通过自然、和谐、整体的调味来实现记忆味道，让消费者认可并重复选择。

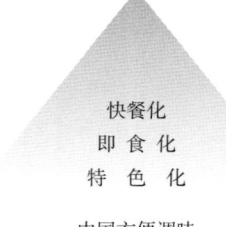

图 1-18　中国方便调味

6. 离不开的调味品与高端调味品

调味品作为人们日常生活中必不可少，具有广泛的消费健康选择的科学化、规范化、标准化。超越自我，探索消费热点合作"一勺搞定"万菜共赢，深度把消费优势做到淋漓尽致，更加意识到健康刚需的硬道理。

七、无预制不调味

1. 预制的来源与存在意义

预制一直都存在于我们生活之中，所有的调味、食物、食材都有预制过程。因此，在调味行业中应注重预制技术的应用和推广。

2. 预制早就存在且不可或缺

实际上预制在调味行业中早已存在且不可或缺。无论是大米、面粉等主食，还是调味料、食用油等辅料都是通过预制方式生产的。预制调味让人们生活越来越美好，没有人能离得开预制。

3. "妖魔化"预制的误区

当前社会上存在对预制的"妖魔化"现象，认为预制食品不健康、不安全等。然而，这种观念是片面的和不科学的。实际上，标准的预制食品在加工过程中经过严格的质量控制和安全检测，预制让调味消费更加科学、合理、规范，让人们吃得越来越好。因此，在调味行业中应正确认识预制食品优势（图 1-19）。

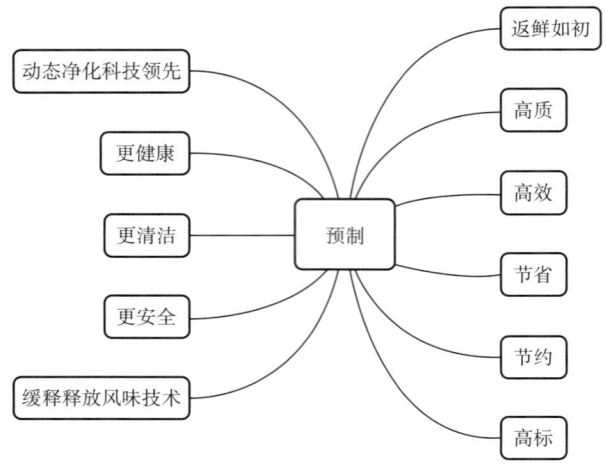

图 1-19 中国预制调味优势

4. 预制调味的未来趋势

预制发展菜品化只会越来越多，内容、种类、吃法只会不断增加而不会减少，预制的趋势只会让调味越来越好，没有预制调味不可能发展，菜品也不可能发展，预制为了吃好外还会让食物更清洁、更健康、更安全。

八、辣椒的发展现状及趋势

中国调味品主要影响力之一是辣椒，中国辣椒产业的发展核心价值见图 1-20。

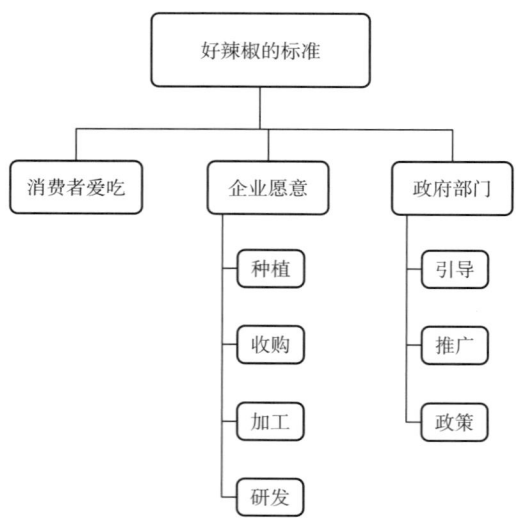

图 1-20 中国辣椒产业发展核心价值

1. 全国辣椒产业现状与挑战

供需不透明是最大的问题,种植的生产调味品的企业没法采用,生产和种植之间的矛盾期待解决,根据需要实现标准辣椒供应。

2. 中国辣椒产业当下处境与机遇

省部共建辣椒大市场聚竞争力优势,全球第一的科技成果改变人类健康消费辣椒,种植有机和种源退化因素,未来可期的0添加防腐剂、低盐根据消费突破现有思维。

3. 新消费辣椒调味的发展趋势

专用型趋势,火锅底料专用、拌饭专用、烧烤专用等及其应用关键技术,合作多家一二三产,带动全国影响全球服务全人类。

第二章　中国复合调味革新

一、中国复合调味概述

1. 复合调味的现实价值

随着消费升级趋势的深化，烹饪效率得到显著提升，这不仅使厨艺得以更充分地展现，也为厨师带来了前所未有的成就感和革命性突破。在这一背景下，复合调味行业迎来了重要发展机遇：一方面，标准化建设为全消费链的打造提供了坚实基础，推动了行业的全链、全域、全方位发展；另一方面，复合调味技术本身具有巨大的提升空间，能够催生极致化菜品和一流餐饮价值，其核心优势在于打造具有记忆性的口味，深刻影响着消费者的选择偏好。

从市场驱动因素来看，情绪化融合的消费模式有效促进了消费流水的增长，而流行趋势与消费创新的有机结合，加之地方菜系的特色传承与调味技艺的创新发展，共同构成了复合调味行业发展的多元动力。与此同时，餐饮行业的持续变革也不断推动着调味技术的进步，为复合调味开辟了广阔的应用空间。这些因素相互交织，共同推动着复合调味行业向着更高质量、更广领域的方向快速发展。

2. 中国复合调味的必然

复合调味作为现代餐饮文化的重要组成部分，不仅能够增进食欲、满足健康需求，更深入满足了人们对美味享受的心理期待，激发了"吃好"这一深层次的饮食诉求。随着健康消费趋势的增强，健康调味已成为消费者最为关注的因素，推动复合调味向着有机化、天然化、绿色化方向发展（图2-1）。同时，其便利化、多元化、速便化的特点也大大拓展了调味消费的必然。

当前，复合调味的普及度已超越传统调味，餐饮使用量持续攀升，高消费认可率和不断叠加的选择使其成为新消费时代不可忽视的趋势。这一现象不仅彰显了中国味道的博大精深，更提升了餐饮文化的内涵层次。随着认知的升维，复合调味正朝着更加精细化和专业化的方向发展，深度满足骨灰级消费者的个性化需求（图2-2），健康消费越来越强，复合调味消耗数量越来越大，新消费的认可率高和消费选择不断叠加。

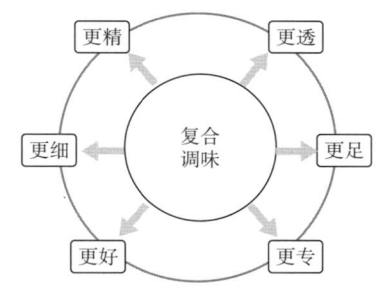

图 2-1　中国复合调味的必然　　图 2-2　中国复合调味升维

3. 中国复合调味消费链

中国复合调味消费链呈现出多元化、场景化、体验化的显著特征。该消费链参与者众多，涉及内容广泛，链条结构复杂，需要精准识别薄弱环节，通过提升味道认可度来完善整体链条。为提升消费认可，企业需设计多样化消费场景，深入挖掘消费者痛点，创造消费机会，从而增强产品竞争力。

在消费体验方面，通过组织消费者实地考察调味品生产基地，让消费者亲身感受产品优势；同时，制作体验传播生产过程，实现透明化生产，让消费者明明白白消费。这种深度参与模式不仅促进了产业价值分享，更实现了消费的多元化价值。最终，通过最大化产品价值，包括外延价值和附加价值，形成独特的消费优势，使消费者愿意为高品质的复合调味品支付溢价，从而推动整个消费链的良性发展。

4. 不可抗拒的复合化调味品

在现代生活节奏加快和消费观念转变的背景下，复合调味品已成为不可抗拒的事实。随着单一调味品难以满足人们日益提升的味觉需求，复合调味品呈现爆发式增长态势，不仅成为家庭快捷烹饪的首选，更是餐饮行业追求极致美味的必备之选。这种转变源于多重因素的推动：新消费观念改变了人们对调味品的认知，品质升级使调味原理与消费需求深度融合，精准控制的时间成本显著提升了消费认可度。更为重要的是，复合调味品通过超级体验价值的升级，实现了味道的可重复再现，为消费者带来稳定而优质的味觉享受，这种独特的优势使其在调味品市场中占据了不可替代的地位。

5. 中国复合调味强黏性

中国复合调味品的强黏性特征已成为其市场竞争力的核心要素。这种强黏性不仅体现在对餐饮出品的决定性影响上，更深度绑定着消费者的味觉记忆和消费习惯。高黏性调味能够通过"一料定味"的方式，成就独特菜品风味，为餐饮企业带来持续稳定的流水，甚至成为挽救餐饮企业的关键因素。对于专业厨师和美食爱好者而言，强黏性调味品形成了独特的调味依赖，这种依赖性进一步品牌的强大动力、餐饮绝对竞争力。

从商业价值来看，定制化调味品的核心竞争力和单品价值都源于其强黏性特征。解决消费认可率问题、强化餐饮服务价值、提升连锁餐饮竞争力，都离不开高黏性调味品的支撑。这种强黏性不仅体现在产品与菜品的关系上，更深层次地影响着整个餐饮行业的未来走向，成为推动行业升级的重要动力。

6. 中国复合调味产业链

中国复合调味产业链呈现出深度整合与创新升级并重的特征。该产业链涉及面广泛，以酱油和豆制品为例，其源头可追溯至大豆种植，而高品质有机食醋的发展则依赖于源头建设的完善和传统酿造技术的创新升级。在产业链创新过程中，既要通过科技创新提升传统调味品如味精的消费体验，又要坚持回归本质，以亲民化策略夯实消费基础。

酱香特色作为调味品的灵魂（图2-3），在产业链中占据核心地位。当前，健康调味品凭借其强大的市场竞争力，正在重塑产业链格局。以黑豆酱油为代表的高品质调味品，需要通过深耕消费市场来提升竞争力。整个产业链的链式影响具有强牵动性，要求企业在追求消费质量的同时，始终把握亲民化这一根本原则，从而实现产业链的可持续发展。

7. 中国复合调味上下游

中国复合调味产业链的上下游协同发展正呈现出新的格局。在上游领域，原料供应体系持续强化，通过科技创新和成果转化推动产业升级。源头建设已从单纯追求数量转向注重质量提升，绿色有机示范基地的建设就是典型例证。常规原料的品质升级有效满足了巨大的消费需求，而个性化调味品的崛起则预示着行业将迎来新一轮洗牌，缺乏特色的产品将面临淘汰。

图 2-3　酱香特色

在下游领域，消费商深度参与调味过程，促进了上下游的深度融合。为提升消费体验，调味品包装和配料等环节不断升级创新。线上线下渠道已成为关键节点，需要差异化策略来完善消费数据体系。其中，餐厅需求构成下游主战场，餐饮渠道建设至关重要；而家庭消费则呈现出规律性特征，需要调味品工厂的密切配合。这种上下游的协同发展，正推动中国复合调味产业向更高质量、更可持续的方向迈进。

二、中国复合调味原理

1. 中国调味的秘诀

中国调味的精髓在于其独特的化学反应和工艺秘诀。香辛料的巧妙运用不仅增强了消费者的味觉记忆，更为调味变化提供了无限可能。在特定条件下，调味前体经过复杂的转化形成独特的风味体，这一过程往往依赖于酶反应等关键技术。当这些成分与氧气发生不同反应时，便会产生令人愉悦的独特风味。通过精准控制反应条件，调味时能够增强、改变或稀释主体风味，而极致的美味往往就诞生于这些精细的化学反应之中。更为神奇的是，独特的创新反应还能催生出前所未有的新风味，这正是中国调味技艺的精妙之处。

2. 认识复合调味品

复合调味品作为现代饮食不可或缺的核心元素，已深入千家万户的日常生活。它通过融合多元化的特色滋味和口感，不仅能够修饰和改善食材本质，更推动着饮食消费向科学、高效、美味的方向发展（图2-4）。这种调味品具有独特的功能价值：既能改善食材的不愉悦风味，满足人们的食欲需求，又能创造极致的味觉体验，让调味过程充满动态变化。

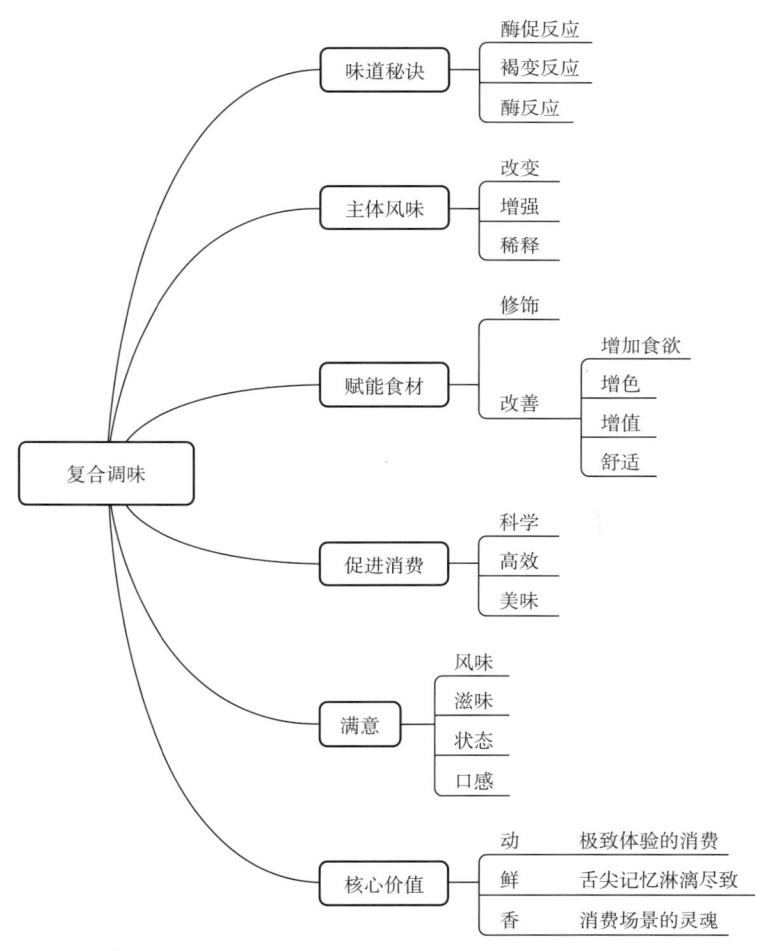

图 2-4 中国复合调味深度认知

复合调味品的核心竞争力在于其"以味服人"的产品话语权，通过盲测即可辨别品质优劣。更为重要的是，它能够通过独特的香气唤起消费者的记忆，将味觉体验与消费场景深度结合，触及消费者的情感灵魂。这种多维度的价值体现，使复合调味品成为连接食材与美味、传统与创新的重要桥梁。

3. 盲测

复合调味品行业正通过创新方法实现跨越式发展。盲测作为一种科学的品评方式（图2-5），已成为产品获得市场认可的关键，助力多个单品实现从0到1的突破，创造过亿销售额。行业通过将消费反馈转化为数据化事实，显著提升了研发效率和精准度。同时，深入分析成功案例，优化研发流程，有效减少了资源浪费和沉没成本。

在消费链效率提升方面，自动化技术的应用推动了调味品的智能消费。当前，在保证品质的前提下实现成本最优化已成为行业趋势，而"以味服人"的产品理念则持续赢得市场青睐。这些创新实践不仅提高了行业整体效率，更为复合调味品的可持续发展奠定了坚实基础。

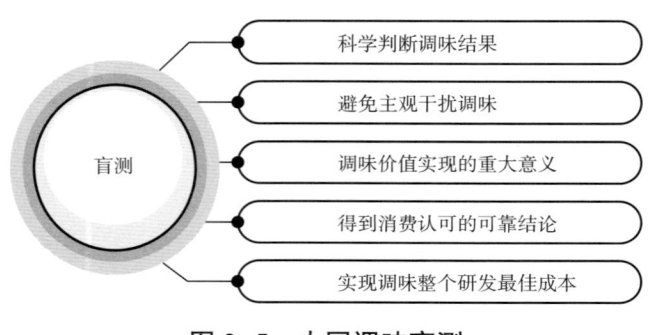

图2-5 中国调味盲测

4. 酸

酸味在复合调味品中扮演着至关重要的角色，其独特价值和发展潜力日益凸显。不同酸度对消费体验产生显著影响，其中自然酸味因其独特优势成为必然趋势。以凯里酸汤为例，其独特风味源于对微生物活性的深入探索，而水果酸则凭借自然高效的特点和悠长的回味占据重要地位。

在调配技巧方面，酸味的精髓在于与其他味道的协调，通过形成柔和特征来提升整体口感。复合调酸不仅能影响口感层次，还能有效减弱鲜味的刺激性。酸味与其他味道之间存在复杂的协同关系，恰当运用可显著增强风味（图2-6）。作为所有味道的根基，食酸规律的掌握是调味的关键，其巨大的市场价值和超强的发展潜力，正在重塑复合调味品的行业格局。

5. 甜

甜味作为味觉记忆的基础，在复合调味品中发挥着不可替代的作用。它不仅赋予所有味道以和谐性，还能通过规律性的味道叠加展现强大的融合特性。不同来源的甜味丰富了味觉层次，创造了

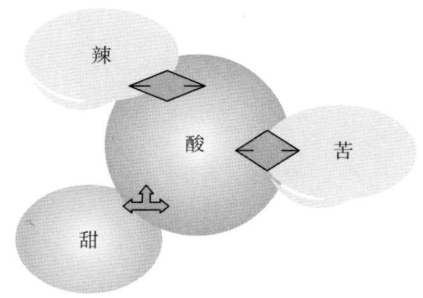

图 2-6　中国复合调味关系

新的饮食历史。在调味技巧上，甜味能有效协调其他风味，帮助产品获得消费认可，其中天然甜味因其强大的记忆功能和改良功效而备受青睐。

甜味资源的丰富性为行业提供了广阔的探索空间，在休闲食品、方便食品等领域展现出独特魅力（图 2-7）。其助鲜特性可实现降咸提鲜，显著提升味觉体验。从分子层面看，天然甜与合成甜的区别在于分子结构和碳键活性的差异（图 2-8）。此外，甜味还能延长厚味，提升回味和咸鲜味的层次感（图 2-9），这些特性使其成为复合调味品研发中的关键要素。

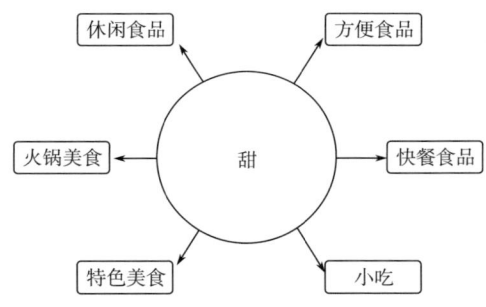

图 2-7　中国调味甜味魅力

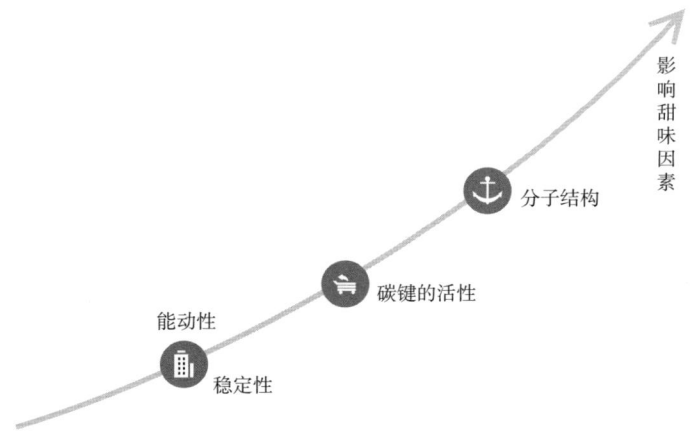

图 2-8　影响甜味的因素

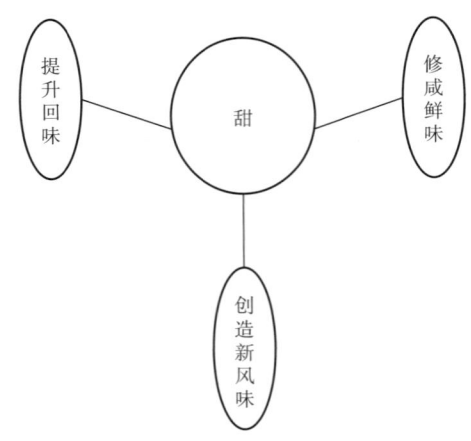

图 2-9 甜味的作用

6. 苦

苦味在复合调味品中展现出独特的价值和创新应用。通过巧妙的遮盖技巧，苦味能够延长味觉记忆，实现味道的和谐呈现，这一特点在新疆大盘鸡等特色产品中得到充分体现。现代调味技术利用苦味肽延长甜味感知，有效弥补消费者的味觉体验。更为精妙的是，通过酿造工艺增加结合水，将原本不愉悦的苦味转化为高品位的味觉享受。

苦味转化为厚味的过程依赖于复合调味形成的氢键协调性，这一过程强化了舌尖感知，加速酯化反应形成独特风味物质。作为重要的调味元素，苦味不仅能强化咸鲜味，其记忆特性更成为调味创新的突破口，具有深远的历史价值。创造特色始终是调味品的核心价值，所有加工工艺都围绕着塑造独特的消费记忆而展开（图 2-10），这种对特色记忆的追求推动着调味技术的持续创新。

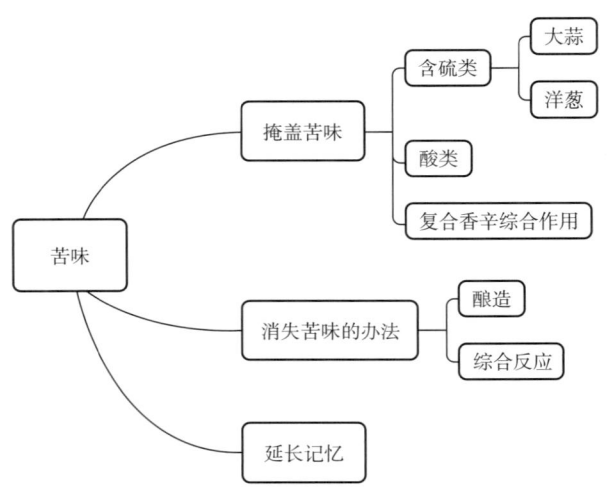

图 2-10 中国苦味研究成果

7. 辣

辣味在复合调味品中展现出独特的呈味机理和创新潜力。其核心特征源于舌尖的灼烧感，现代加工技术已突破传统热加工的限制，通过鲜辣冷加工实现更健康的调味价值。干辣复合技术的应用，成功实现了辣味与香气的完美结合，显著提升了产品价值。在风味创新方面，复合辣味技术通过巧妙的辣味组合和修饰，创造出独特的风味特征。

值得一提的是，麻辣共生的协调创新形成了独特的复合香气（图2-11），这一突破性进展在业界产生了显著的示范效应，推动着企业不断创新。行业共识表明，只有创造有价值的辣味体验，才能确保产品在未来的市场竞争中占据优势地位。这种对辣味价值的深度挖掘和创新应用，正在重塑复合调味品的市场格局。

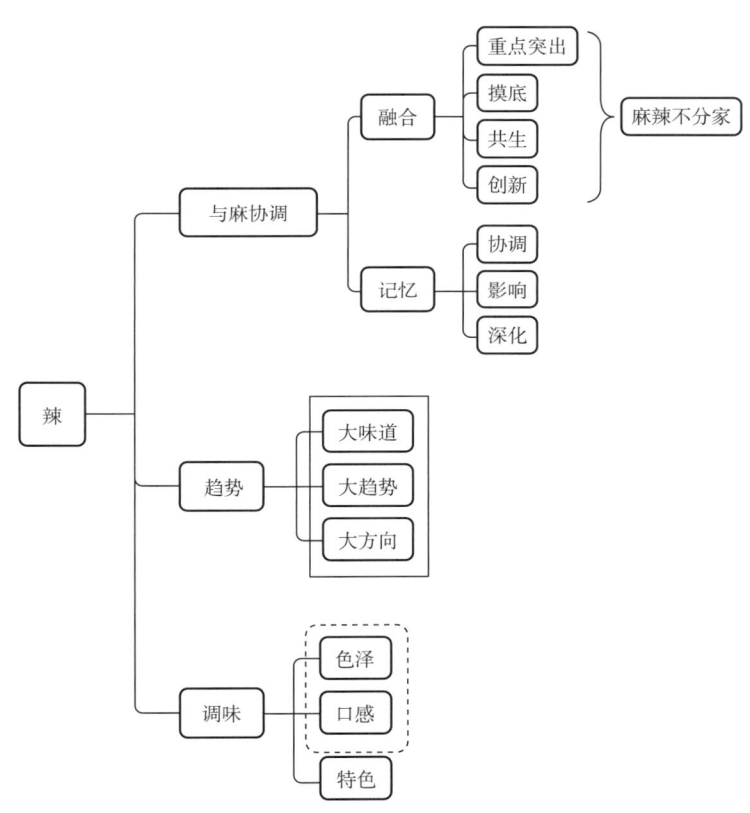

图 2-11 辣调味意义

8. 肉类原料品质影响调味的认知

肉类原料的品质差异对调味认知和食品健康产生深远影响。不同肉类的肌红蛋白含量各异，这直接影响了调味效果和消费者感知。原料的健康状况是区分肉类品质的关键指标，健康安全的肉类原料与不安全原料存在显著差异，这种差异可以通过科学方法进行辨别。值得注意的是，不同饲养方式会导致牛肉的营养结构比例发生变化，这是影响肉类品质的重要因素。

随着人们对健康饮食的重视程度不断提高，高品质肉类因其能够保持原汁原味而备受青睐。消费者在选择肉类时越来越注重精挑细选，这种趋势反映了健康意识的提升。高标准养殖区通过科学化管理，为市场贡献了更多健康肉类，这不仅提升了肉类品质，也显著改善了人们的生活质量。这种对优质肉类的追求，正在推动整个肉类产业向更高质量、更可持续的方向发展。

9. 复合调味韧性

复合调味品通过巧妙的平衡与和谐，创造出独特的融合状态，将不同特点的物质完美结合，形成备受消费者认可的风味。这种创新不仅实现了调味品的核心价值，更为餐饮品牌的塑造提供了无限可能。复合调味品的标志性特征，深刻表达了现代消费者的饮食意愿和追求。它不仅让人类重新发现饮食的价值，更通过创造全新的味觉体验，推动着饮食消费文化的革新与发展，为美食世界注入了源源不断的活力。

10. 实践高效复合调味

在复合调味品的研发和推广中，需要秉持科学严谨的态度和务实创新的精神。首先要明确调味目的，避免资源浪费，通过精准的调味实践来提升工作效率。充分准备调味细节，让产品品质"用味道说话"，这种务实态度往往能在高效推广中获得意想不到的市场反响。企业和品牌的核心竞争力在于创造社会需求，而非固步自封。要避免主观臆断，始终以市场实际需求为导向，用切实的行动和创新来创造价值，这样才能在激烈的市场竞争中保持持续发展的动力。

三、复合调味品的革命与创新

1. 消费者选择复合调味品的原因（图 2-12）

复合调味品因其多功能性和便捷性受到市场青睐。首先，其"一料多用"的特性可适用于多种菜品，即使操作失误也能保证基本风味。其次，复合调味品能形成独特的味觉记忆，使用方便且节省时间和物料。在健康饮食趋势下，低盐、低糖、低脂的"三低"产品成为首选。配料表的透明化也增强了消费者信任，使销量持续增长。此外，复合调味品具有使用灵活性，如烧烤料可转化为火锅蘸料，性价比高且能提升餐饮利润，在降低调味成本的同时提高产品品质和消费认可度。

2. 复合调味品的高端化趋势

高端化是复合调味品发展的必然方向。随着消费者对食物风味要求的提升，复合调味品不断升级以满足高品质需求。其已成为一日三餐的必需品，通过提升消费体验来满足真实需求。购买力的增强和专业化的加快共同推动着行业向高端发展，这种趋势将持续满足市场对调味品的更高要求。

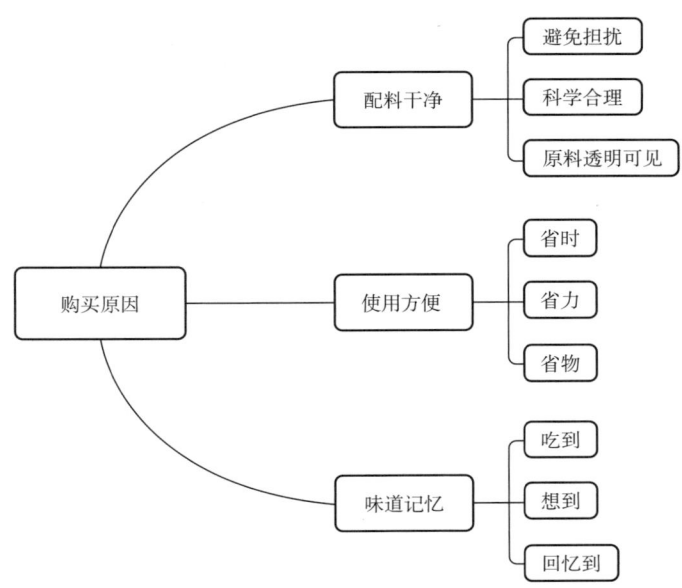

图 2-12 中国复合调味品购买原因

3. 复合调味品的细分化发展

为适应市场需求，复合调味品不断创新细分。传统调味品通过复合化升级带来新的消费价值，不仅提升菜肴的色香味，更推动美食回归本质（图 2-13）。细分产品能促进食欲，满足未来餐饮需求，同时丰富餐饮业的多样性。消费群体的分化和口味的个性化推动着复合调味品向更精细的方向发展，如特定菜系调味料的出现就是典型例证。

4. 复合调味品降低餐饮成本的效果

复合调味品能显著降低餐饮成本，主要体现在：减少多余调味料的使用，直接增加净利润；高复合度的产品贡献更大；通过标准化降低人力成本，实现菜品的一致性。新技术的应用使成本降低25%成为可能，同时释放餐饮工作人员的创造力。复合调味品不仅助力小店发展，更为连锁餐饮带来可观利润，其应用价值已得到市场验证。

5. 复合调味品推动餐饮连锁化发展

复合调味品通过保证品质稳定性，促进了餐饮连锁化发展。其优势体现在：加快连锁扩张速度，提升厨师水平和消费认可度；降低人力和运营成本；提高标准化程度，创造新的价值体验；增加消费动机和开店成功率；拓展盈利空间。通过功能升级和自我革新，复合调味品正在创造更大的市场价值。

6. 复合调味品的社会价值

复合调味品的发展顺应了现代生活方式的变化。其显著优势体现在：满足现代餐饮需求，推动

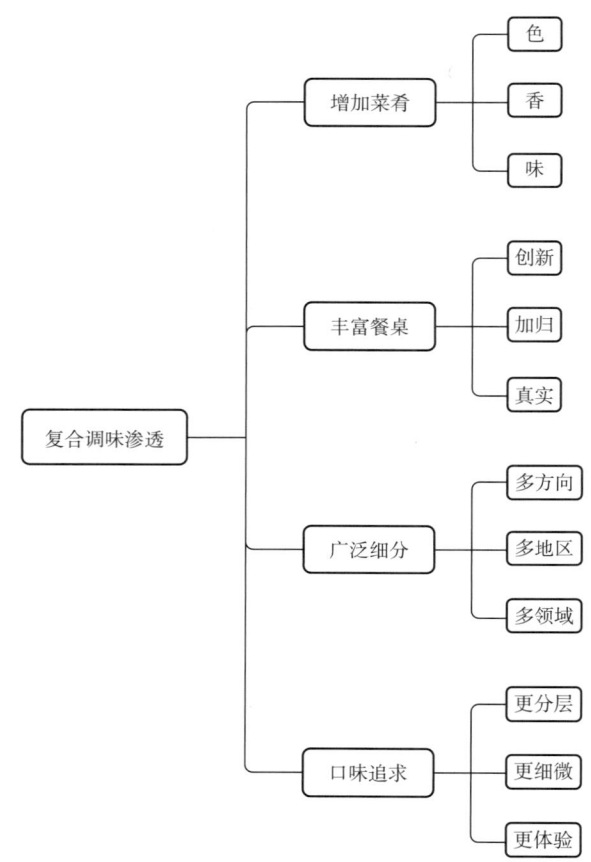

图 2-13　中国复合调味渗透

家庭餐饮变革；降低烹饪门槛，让更多人享受烹饪乐趣；顺应健康营养趋势，满足科学就餐需求。通过标准化和食材优势的挖掘，复合调味品实现了风味与营养的结合，使美食制作变得更加便捷，满足了多样化的消费需求。

7. 复合调味品的强劲发展趋势

复合调味品正经历着前所未有的发展机遇，其核心驱动力来自技术创新与消费需求的深度融合。通过整合优质原料和先进生产技术，结合传统工艺，复合调味品不断升级迭代，创造出具有市场竞争力的优质产品。

市场认可度是衡量复合调味品成功的关键指标。消费者的选择基于实际体验，只有真正美味的产品才能获得持续青睐。这种基于味觉记忆的消费选择，推动了复合调味品的全球化销售。深入挖掘消费规律，通过精细化运营提升产品力，复合调味品实现了从"小而散"到"少而精"的转变，创造了显著的复购率和稳定的消费流量。

在细分赛道方面，复合调味品展现出强大的市场潜力。以火锅底料为例，虽然竞争者众多，但真正获得市场认可的头部品牌屈指可数。这种市场格局的形成源于长期的产品积累和消费者信任，而非短期营销手段。值得注意的是，特色原料如豆豉等，通过复合调味技术的创新应用，创造了数十亿级别的市场规模。

复合调味品的成功还体现在其突破地域限制的能力上。通过精准把握消费趋势，一些原本区域性的调味品实现了全国化乃至全球化发展，创造出百亿级别的市场规模。这种发展态势得益于对消费需求的深入理解和产品创新。

核心产品矩阵的构建是复合调味品企业成功的关键。如图2-14所示，麻辣小龙虾调料、清油火锅底料、青花椒鱼调料、番茄底料、酸菜底料等代表性产品，不仅满足了多元化消费需求，更通过强化味觉记忆建立了稳固的市场地位。这种以核心产品带动整体销售的策略，有效提升了品牌影响力和市场占有率。

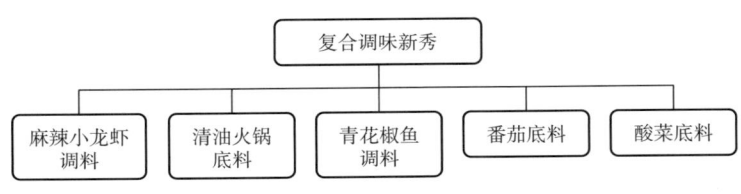

图2-14 中国复合调味新秀

第三章 健康调味趋势

一、健康调味概述

1. 健康需求的核心地位

健康已成为现代消费者选择调味品的首要考量。日常饮食与生活方式密不可分，而健康调味品是实现健康生活的重要基础。消费者对健康调味品的信任度不断提升，这不仅是企业的责任，更是市场发展的驱动力。健康调味品的市场规模已超越普通食品和医药领域，其价值在于通过优质原料和科学配方满足消费者对健康的追求。

健康调味品的特点在于其可持续性和正向价值，而非短期投机行为。通过提供高质量、低价格的产品，健康调味品实现了良性复购，并建立了长期的市场信任。消费者的选择始终以健康为核心，这种趋势不会因市场波动而改变。随着健康意识的提升，消费者对清洁标签和低添加产品的需求显著增加，推动了健康调味品市场的快速发展。

2. 健康调味的关键要素

健康调味品的核心在于"三低"（低糖、低盐、低脂）和科学添加。通过创新技术，调味品不仅能满足味觉需求，还能提供滋补和养生功能。例如，铁皮石斛等天然食材的加入，赋予了调味品更多的健康价值。

消费者对健康调味品的需求逐渐从概念转向实际体验，他们更关注产品的真实功效和透明度。功能化和便捷化是健康调味品发展的两大方向，既满足精准需求，又适应现代快节奏生活。通过独特的口感和个性化创新，健康调味品与即食生鲜消费形成联动，进一步扩大了市场空间。

3. 大健康趋势下的调味品发展

健康是调味品行业未来发展的必然方向。消费者通过选择健康调味品，不仅改善了饮食质量，还提升了整体生活水平。有机和绿色调味品因其稀缺性和高价值，成为市场的新宠。

透明化和可追溯性是健康调味品的重要特征（图3-1）。通过第三方检测和清洁标签，消费者可以清晰了解产品的来源和成分。健康调味品不仅连接着农田与餐桌，还通过全链条的透明化管理，为消费者带来安心和便利。

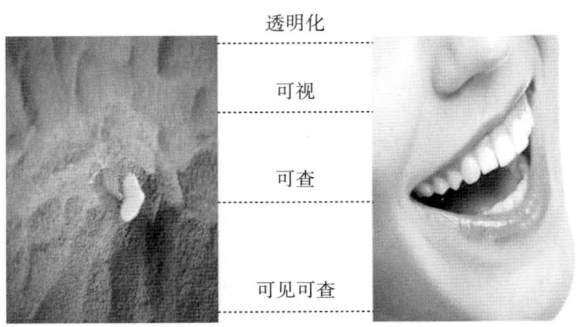

图 3-1　中国健康调味体验核心价值链

4. 大健康调味趋势的具体表现

随着慢性病的高发，健康调味品在疾病预防中的作用日益凸显。消费者对健康调味品的需求持续增长，推动了餐桌安全和饮食结构的改善。通过县域消费和乡村振兴的结合，健康调味品不仅提升了生活品质，还促进了地方经济的发展。

5. 有机健康消费趋势

有机调味品的兴起是对食品安全问题的直接回应。消费者通过对比高品质有机产品与普通产品，逐渐认识到有机的价值。尽管有机生产面临诸多挑战，但其对健康和环境的长期益处使其成为行业的重要方向。

通过规模化种植和智能化管理，有机调味品的成本逐渐降低，市场接受度不断提高。消费者对有机产品的信任源于严格的检测和透明的追溯体系，这为行业的可持续发展奠定了基础。

6. 建立有机可信任的透明化机制

①严格的管理与检测体系：为确保有机调味品的品质与安全性，需建立严格的有机管理体系，包括完善的检测实验室和第三方委托检测机制。通过科学的检测手段，确保产品从原料到成品的每个环节都符合有机标准。

②全链条追溯体系：建立完善的追溯体系，对有机产品的生产、加工、运输、销售等环节进行全程记录和追踪。消费者可以通过扫描产品标签上的二维码或其他方式，清晰了解产品的来源和流向，确保透明化和可追溯性（图3-2）。这种机制不仅保障了消费者的知情权和权益，也增强了市场对有机产品的信任。

③国内外有机认证：执行国际和国内认可的有机认证标准，确保产品在生产和销售过程中有据可依。通过获得权威认证，有机调味品可以在全球市场中建立信誉，满足消费者对高品质产品的需求。

④智能化技术的应用：借助物联网技术，如智能感知芯片和移动嵌入式系统，实现对农田环境和作物信息的实时监测。通过无线传感器网络和远程控制设备，减少人力消耗，提升种植效率，推动农业现代化发展。农业物联网技术的推广应用，已成为农业现代化水平的重要标志。

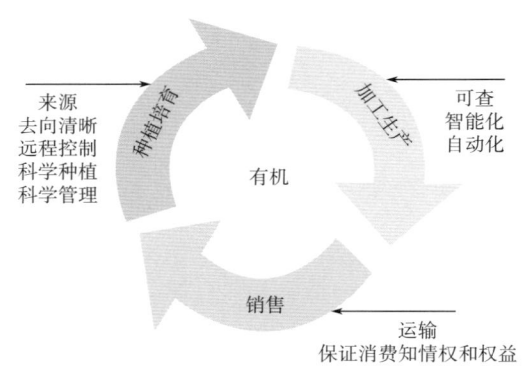

图 3-2 中国有机可信任的透明化机制

⑤可持续发展与环保：有机种植不仅减少了农业投入品的消耗和环境污染，还提高了病虫害防治水平和农作物种植效率。通过建立农产品质量安全监测系统，实现从农田到餐桌的全链条安全管理，推动农业的绿色转型。

⑥强化有机技术与渠道：通过高瞻远瞩的规划体系，建设完整的有机生态链，推动平价有机产品的普及。这不仅提升了有机产品的市场竞争力，也为消费者提供了更多高性价比的选择。

7. 实现有机种植的建议

①规模化种植：通过规模化种植降低生产成本，提高生产效率，使有机产品更具市场竞争力。

②合理包装设计：采用适当的包装数量和规格，避免浪费，同时满足消费者的多样化需求。

③缩短供应链：减少中间环节，实现从生产基地到消费者餐桌的直接供应，确保产品新鲜度和品质。

④吃法推荐与创新：提供详细的吃法推荐，帮助消费者更好地使用有机产品。通过创新吃法，激发消费者的购买兴趣，提升消费量。

⑤口感优化与体验：注重产品的口感优化，尤其是一些可直接生食的蔬菜，通过试吃体验让消费者直观感受有机产品的优势。

⑥消费联动与价值传递：通过分享消费建议和吃法，形成消费联动效应。找到最佳吃法和用法，让消费者在体验后形成深刻记忆，进而主动传播产品价值。

⑦与非有机产品的对比：通过与非有机产品的对比，突出有机产品的独特优势，让消费者感受到其超值性，从而增强购买意愿。

二、药食同源健康调味

1. 药食同源调味的发展现状

药食同源调味品结合了传统中医理论与现代食品科技，满足了消费者对健康和美味的双重需求。然而，行业仍面临规范化不足、产业化水平低等问题。通过深度开发药食同源食材（图3-3），行业有望实现更大市场规模。

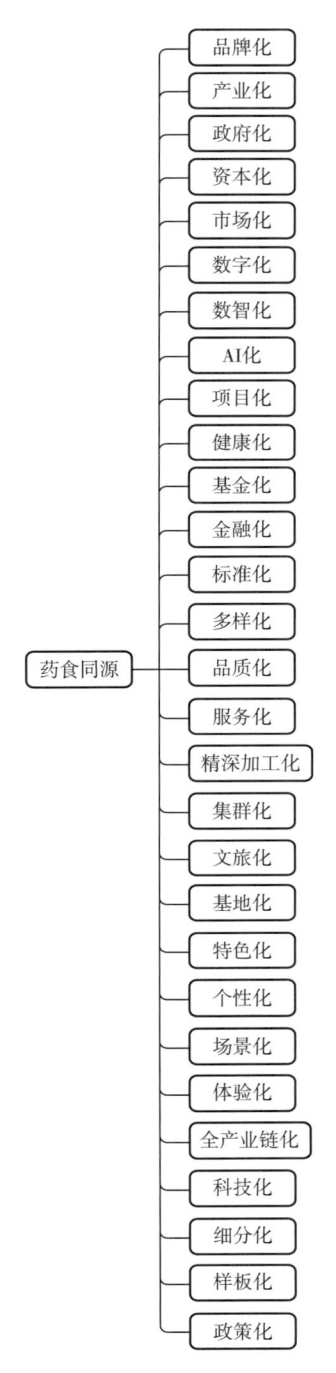

药食同源
- 品牌化
- 产业化
- 政府化
- 资本化
- 市场化
- 数字化
- 数智化
- AI化
- 项目化
- 健康化
- 基金化
- 金融化
- 标准化
- 多样化
- 品质化
- 服务化
- 精深加工化
- 集群化
- 文旅化
- 基地化
- 特色化
- 个性化
- 场景化
- 体验化
- 全产业链化
- 科技化
- 细分化
- 样板化
- 政策化

图3-3 中国药食同源调味

2. 药食同源的优势与挑战

药食同源调味品的优势在于其深厚的文化底蕴和广泛的市场潜力。然而，行业的发展需要解决标准化、科研转化和消费教育等问题。通过品牌化和产业化，药食同源调味品有望成为地方经济的重要支柱。

3. 药食同源调味趋势

药食同源调味品的核心在于将"食疗"理念与现代消费需求结合。通过开发功能性食品和深化产业链，行业可以满足消费者对健康的多样化需求。药食同源调味品不仅是传统文化的传承，更是现代健康饮食的重要组成部分。

4. 正确认识药食同源调味

药食同源调味品的开发需要科学规划和多元化布局。通过聚焦单一食材的深度开发，行业可以形成多个百亿级细分市场。药食同源调味品的未来在于结合现代科技与传统智慧，为消费者提供更多健康选择。

第四章　鲜味科学与调味品的创新演进

一、中国调味需要鲜

1. 鲜的认知

鲜味是调味品中不可或缺的核心元素，但不同调味品呈现的鲜味却千差万别。消费者对鲜味的追求推动了调味品行业的创新，如何通过科学手段提升鲜味的口感和级别，成为行业关注的焦点。

鲜味的标准化呈味是验证其优势的关键，但消费者对鲜味的认知与实际体验之间往往存在差距。合成鲜味剂虽然能显著增强鲜度，但其食用体验逐渐被消费者诟病。未来，酿造鲜与天然鲜的结合将成为发展趋势，通过优化成本和价值，天然鲜味剂在提升口感与滋味方面展现出巨大潜力。

2. 鲜的未来

未来调味品的鲜味趋势将更加注重消费者的真实体验，而非单纯的市场宣传。鲜味的呈现并非越强越好，适度的鲜味能量级才是天然鲜味成功的关键。目前，鲜味调味品的年消费规模已超千亿元，成为调味品行业中的重要细分市场（图4-1）。

鲜味的核心竞争力在于其独特的呈味结构，如"蛋白质+肽+氨基酸"的组合（图4-2），而非是否含有味精。经典的"松茸鲜"年销售额达十亿元，正是鲜味市场潜力的体现。

3. 鲜的科学基础

鲜味的呈现与Na^+的能量级密切相关，不同来源的Na^+会带来不同的口感体验。肽类物质在鲜味中扮演重要角色，但并非所有肽都具有鲜味，部分肽甚至可能带来苦涩或异味。近年来，肽类物质在减肥领域的应用取得了显著成果，年销售额超万亿美元，但调味功效方面的肽的应用仍需进一步探索。

4. 鲜的市场表现

鲜味调味品市场正经历升级换代，液态味精、复合鲜味剂等新产品逐渐取代传统鸡精和松茸鲜等天然鲜味，展现出更大的市场潜力。消费者对天然鲜味的需求日益增长，推动了鲜味调味品向更健康、更自然的方向发展（图4-3）。

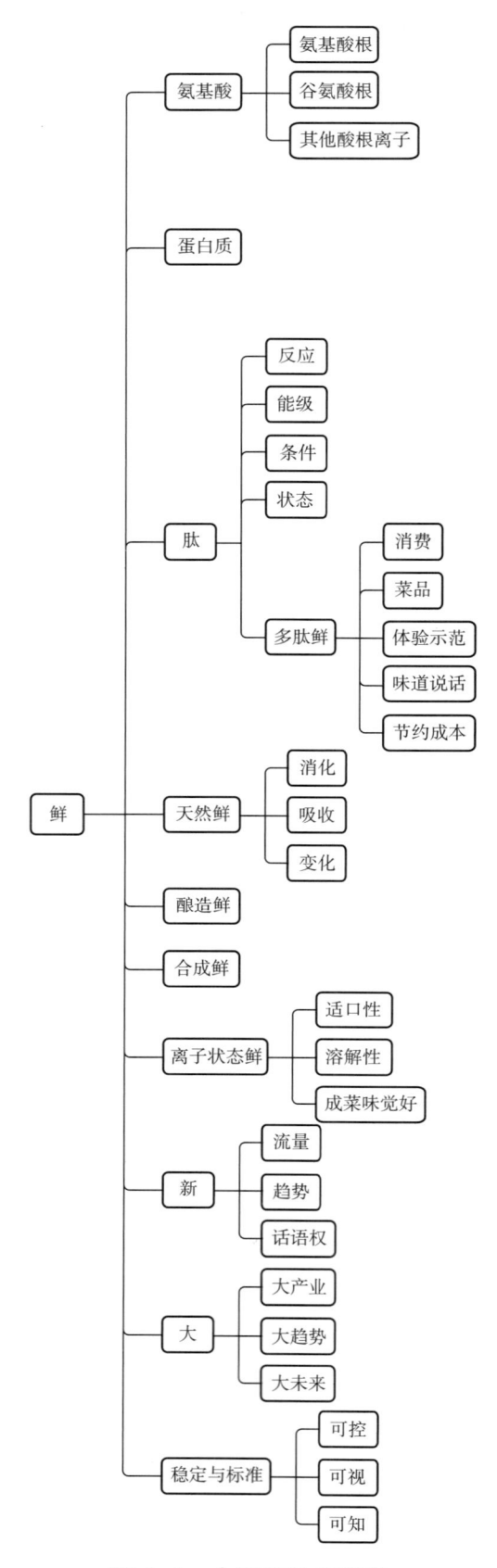

```
鲜 ┬─ 蛋白质 ──┬─ 氨基酸 ──┬─ 氨基酸根
│            │            ├─ 谷氨酸根
│            │            └─ 其他酸根离子
│            │
│            └─ 肽 ──┬─ 反应
│                    ├─ 能级
│                    ├─ 条件
│                    ├─ 状态
│                    └─ 多肽鲜 ──┬─ 消费
│                                ├─ 菜品
│                                ├─ 体验示范
│                                ├─ 味道说话
│                                └─ 节约成本
├─ 天然鲜 ──┬─ 消化
│            ├─ 吸收
│            └─ 变化
├─ 酿造鲜
├─ 合成鲜
├─ 离子状态鲜 ──┬─ 适口性
│                ├─ 溶解性
│                └─ 成菜味觉好
├─ 新 ──┬─ 流量
│        ├─ 趋势
│        └─ 话语权
├─ 大 ──┬─ 大产业
│        ├─ 大趋势
│        └─ 大未来
└─ 稳定与标准 ──┬─ 可控
                  ├─ 可视
                  └─ 可知
```

图 4-1　中国调味鲜趋势

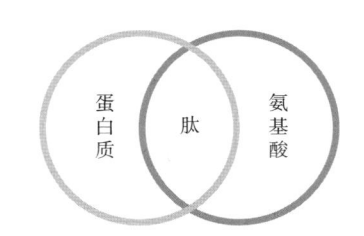

图 4-2　鲜味关系

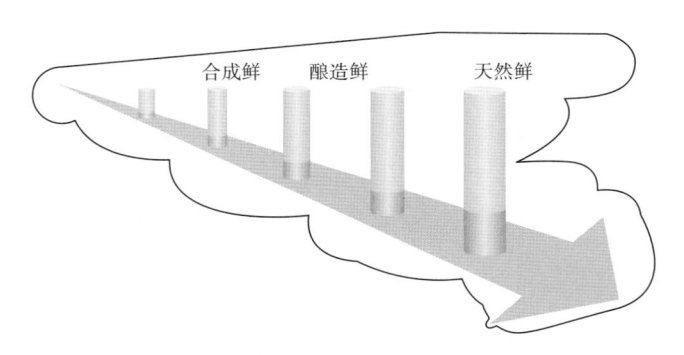

图 4-3　消费者认可的鲜味口感变化

5. 鲜的多样化应用

鲜味调味品的应用场景不断拓展，从家庭烹饪到餐饮连锁，鲜味已成为提升菜品品质的关键。通过创新吃法和消费体验，鲜味调味品不仅满足了消费者的味觉需求，还推动了餐饮行业的标准化和规模化发展。

二、中国调味"鲜"现象

1. 松茸鲜的特点

松茸鲜以其独特的鲜味成分和能量级，成为调味品市场中的佼佼者。其适口性强、回味突出，且少钠不咸，深受消费者喜爱。松茸鲜的成功在于其天然鲜味的不可替代性，以及对消费者味觉记忆的深刻影响（图 4-4）。

2. 鲜椒火锅的优势

鲜椒火锅以其天然的麻辣鲜香，成为火锅市场中的新宠。其独特的鲜花椒和鲜辣椒风味，不仅提升了菜品的口感，还推动了健康饮食的普及。鲜椒火锅的标准化和不易复制性，使其成为餐饮创业的热门选择。

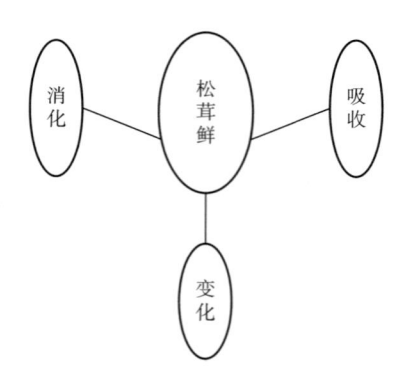

图 4-4 中国松茸鲜优势

三、中国鲜调味科技

1. 调味蔬菜的鲜味加工

蔬菜鲜味加工技术的创新，解决了传统蔬菜易腐烂、加工浪费大的问题。通过非水洗清洁、天然除菌和自然熟化等技术，蔬菜制品的品质和风味得到显著提升，为餐饮连锁和家庭消费提供了更多选择。

2. 人类吃鲜的新趋势

①合成鲜：谷氨酸钠等合成鲜味剂成本低、标准化程度高，但其烈性强、和谐性差的问题逐渐显现。

②酿造鲜：酱油、豆豉等酿造鲜味剂通过微生物分解蛋白质，形成独特的氨基酸和多肽鲜味，满足了消费者对自然风味的追求。

③天然鲜：松茸鲜等天然鲜味剂以其健康、减盐的优势，成为市场新宠，满足了消费者对高品质调味品的需求。

3. 火锅鲜味的创新

火锅底料的鲜味技术通过动态净化、植物除菌和离子调味等手段，提升了火锅食材的新鲜度和口感。气调保鲜技术的应用，使火锅底料在常温下也能维持长保质期，为餐饮连锁和家庭消费提供了更多便利。

第五章 中国调味品消费趋势与市场变革

一、中国调味品消费特征

1. 价格调整与消费影响

近年来，调味品行业普遍涨价 10%~15%，但对消费的影响系数仅为 0.5~0.75，表明消费者对调味品价格的敏感度较低。涨价不仅是市场供需关系的体现，更是调味品品质升级的信号。消费者对调味品的安全性和健康性要求日益提高，品牌价值和服务能力成为市场竞争的关键。

①涨价背后的逻辑：涨价反映了调味品供应链的优化和品质提升，消费者更倾向于选择值得信赖的品牌，而非低价产品。

②消费趋势：消费者对调味品的需求从价格导向转向品质导向，健康、安全、新鲜成为核心关注点。

2. 内需变化与消费潜力

随着健康意识的提升，调味品消费逐渐向健康化、功能化方向发展。新消费群体的崛起推动了调味品市场的多元化，横向（食材、加工、成品）与纵向（源头、种养、售后服务）的产业链整合成为行业发展的新趋势（图 5-1）。

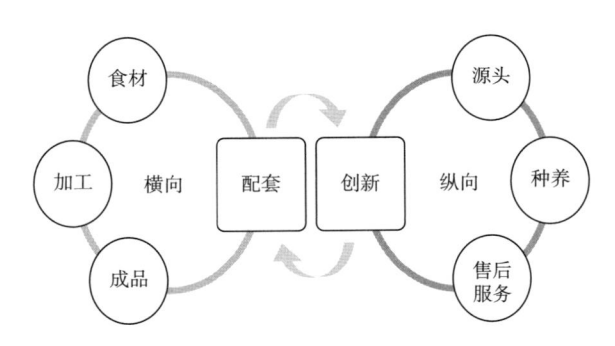

图 5-1 中国消费调味纵横交错

①区域特色调味品的崛起：如贵州酸汤、云南菌汤、重庆火锅等地方特色调味品，正在通过创新和标准化走向全国市场。

②惠达全民刚需：调味品行业正通过多元化的经济形态满足消费者的日常需求。例如，板面经济通过标准化调味包简化家庭烹饪；香料经济依托传统香料与现代工艺的结合，打造独特风味；拉面经济和小面经济则通过便捷的调味解决方案，推动地方特色美食的普及。此外，辣椒经济和花椒经济凭借其独特的风味和健康属性，成为调味品市场的重要增长点。而火锅经济则通过复合调味料和底料的创新，满足消费者对多样化餐饮体验的需求。最后，健康经济的崛起，推动了低盐、低糖、低脂调味品的快速发展，顺应了消费者对健康饮食的追求（图5-2）。

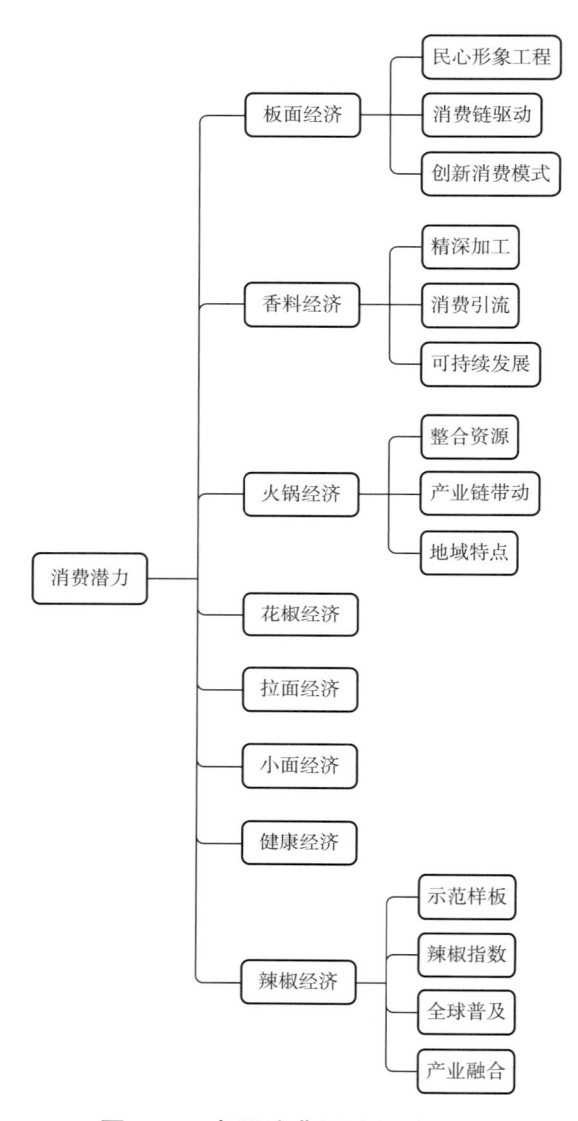

图5-2 中国消费调味经济属性

③情绪消费的兴起：调味品不仅满足味觉需求，还通过情感共鸣激发消费欲望，情绪指数成为衡量市场表现的重要指标（图5-3）。

④调味品行业正通过可持续性、前瞻性、针对性和有效性的多元化发展策略，推动地方菜系的菜品化与全产业链整合。例如，川菜的麻辣风味、粤菜的鲜香口感、湘菜的酸辣特色、黔菜的酸汤

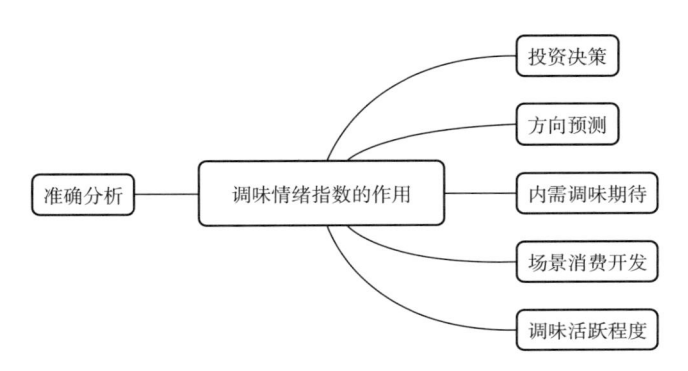

```
                            ┌── 投资决策
                            │
                            ├── 方向预测
                            │
准确分析 ── 调味情绪指数的作用 ├── 内需调味期待
                            │
                            ├── 场景消费开发
                            │
                            └── 调味活跃程度
```

图 5-3　中国调味情绪指数的作用

风味以及滇菜的菌菇鲜味，正在通过标准化调味解决方案走向全国乃至全球市场。这一过程中，全产业链整合成为关键，从源头种植到加工生产，再到终端消费，调味品行业通过消费金融的支持和绿色发展的理念，实现了资源的高效利用与环境的可持续保护。同时，科技创新为调味品行业注入了新动力，例如通过智能化生产和大数据分析，精准满足消费者的个性化需求。此外，多元化场景消费正在激发调味品的多功能属性。无论是家庭烹饪、餐饮连锁，还是即食食品和休闲零食，调味品都扮演着不可或缺的角色。通过场景化营销和体验式消费，品牌能够更好地与消费者建立情感连接，提升产品的市场竞争力（图5-4）。

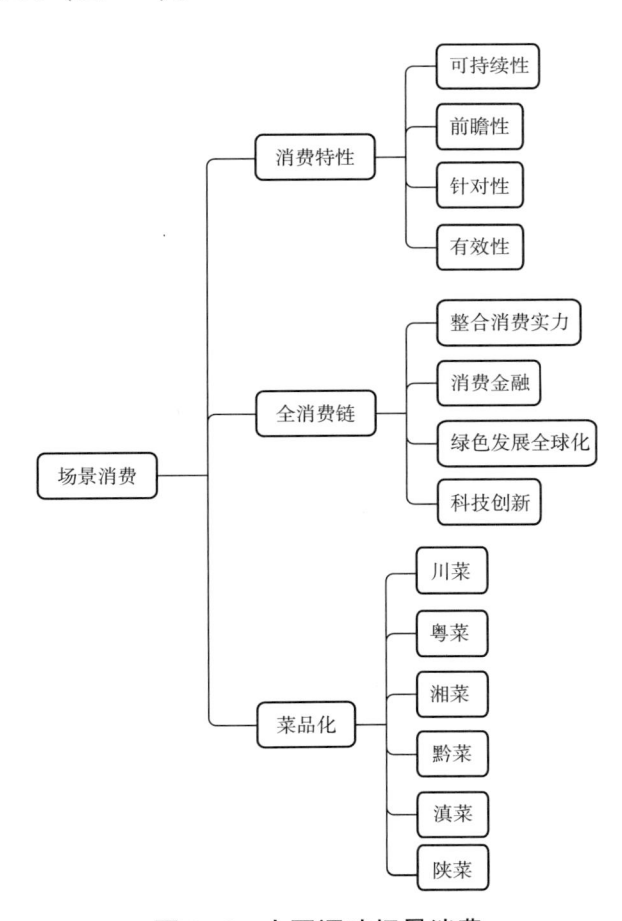

```
                    ┌── 消费特性 ┬── 可持续性
                    │           ├── 前瞻性
                    │           ├── 针对性
                    │           └── 有效性
                    │
                    │           ┌── 整合消费实力
场景消费 ───────────┼── 全消费链 ├── 消费金融
                    │           ├── 绿色发展全球化
                    │           └── 科技创新
                    │
                    │           ┌── 川菜
                    │           ├── 粤菜
                    │           ├── 湘菜
                    └── 菜品化 ─┼── 黔菜
                                ├── 滇菜
                                └── 陕菜
```

图 5-4　中国调味场景消费

3. 消费升级与提质扩量

调味品消费正从"量"向"质"转变，健康因素成为消费决策的核心。调味品的功能属性逐渐凸显，私域流量和精准营销成为品牌增长的新引擎（图5-5）。

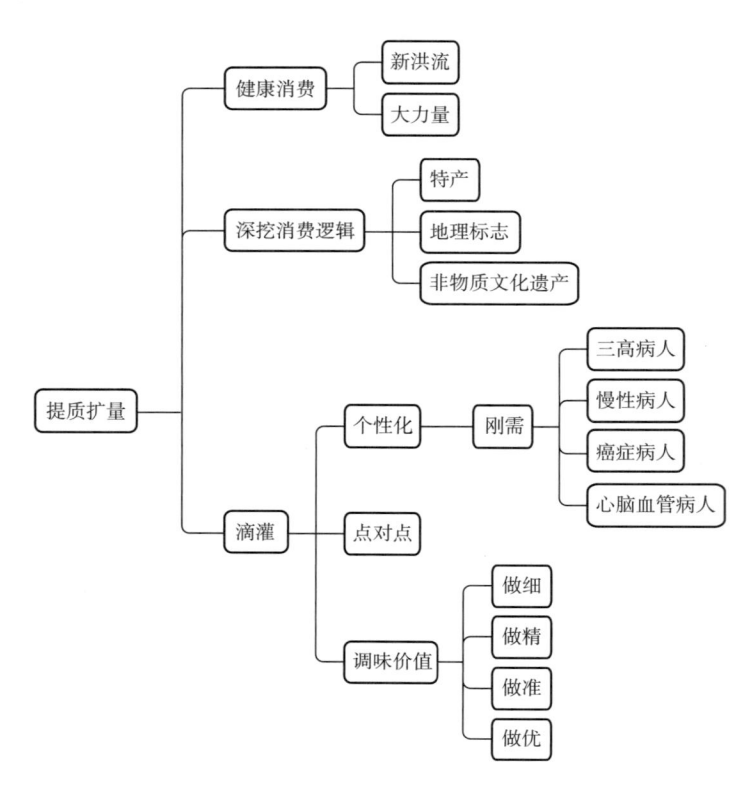

图5-5 中国调味提质扩量

①健康调味品的市场机会：针对慢性病、心血管疾病等健康问题的功能性调味品，正在成为市场新宠。

②地方特色与非遗文化的价值：通过挖掘地方特色调味品和非遗技艺，品牌可以打造独特的消费记忆和文化认同。

4. 消费特征与市场表现

消费者对调味品的需求日益精细化，口味迭代和升级成为市场竞争的焦点。记忆感强的调味品更容易获得消费者的长期青睐，地方特色风味调味品的渗透率显著提升（图5-6）。

①便捷化与个性化：一人份、定制化、轻食化调味品受到年轻消费者的欢迎。

②场景化消费：通过场景化营销，调味品与餐饮、家庭烹饪的结合更加紧密。

5. 消费分层与市场细分

调味品消费市场呈现明显的分层特征，不同消费群体的需求和支付能力差异显著（图5-7）。

第五章　中国调味品消费趋势与市场变革

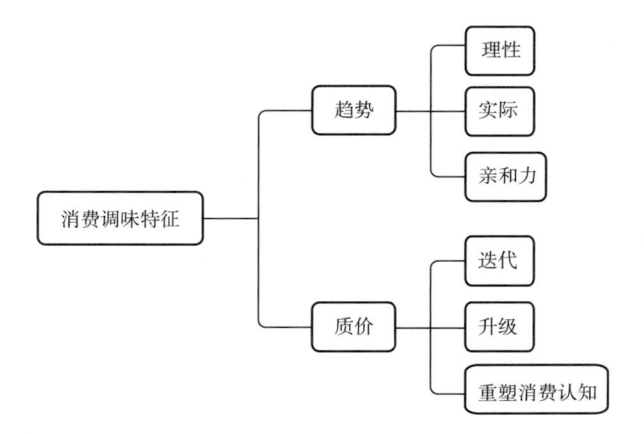

图 5-6　中国消费调味特征

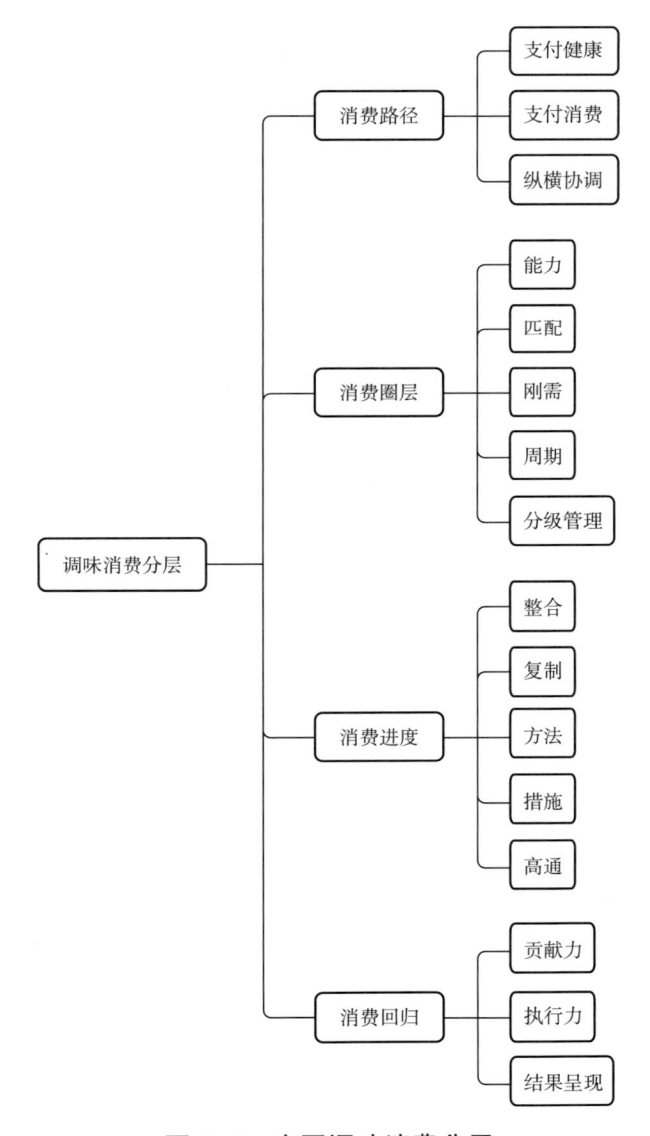

图 5-7　中国调味消费分层

— 37 —

①精细化运营：通过消费数据分析，品牌可以更精准地满足不同层次消费者的需求。

②价值驱动：消费者更愿意为健康、高品质的调味品支付溢价，品牌需在品质和服务上持续创新。

二、调味品电商的现状与未来

1. 电商的本质与挑战

电商在短短五年内走完了传统销售近百年的历程，但其核心仍是满足消费者需求。中间环节的透明化和成本优化，使电商成为调味品销售的重要渠道。

①商品属性与消费需求：只有真正满足消费者需求的商品才能在电商平台上获得成功（图5-8）。

②价格与价值的平衡：低价策略不再是电商的核心竞争力，品质和服务成为消费者选择的关键。

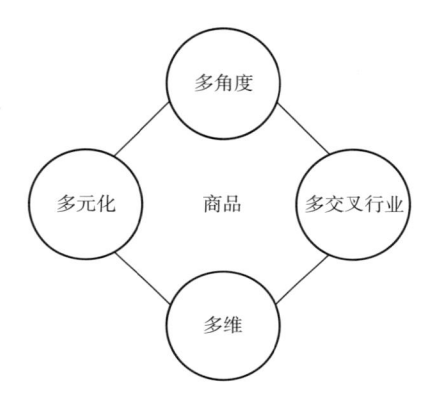

图 5-8　中国调味品的商品属性

2. 电商与消费行为的转变

电商平台通过直播、营销等手段吸引消费者，但其本质仍是产品和服务的话语权。品牌需扎根消费需求，避免盲目跟风和无效投入（图5-9）。

①复购率的提升：产品品质和消费体验是提高复购率的核心因素。

②健康消费的崛起：消费者对健康调味品的需求日益增长，品牌需在产品和营销上突出健康属性。

3. 消费密码的深度挖掘

通过挖掘消费数据和行为规律，品牌可以更精准地满足市场需求。例如，"肽鲜""多肽鲜"等创新调味品，正在通过健康属性赢得市场。

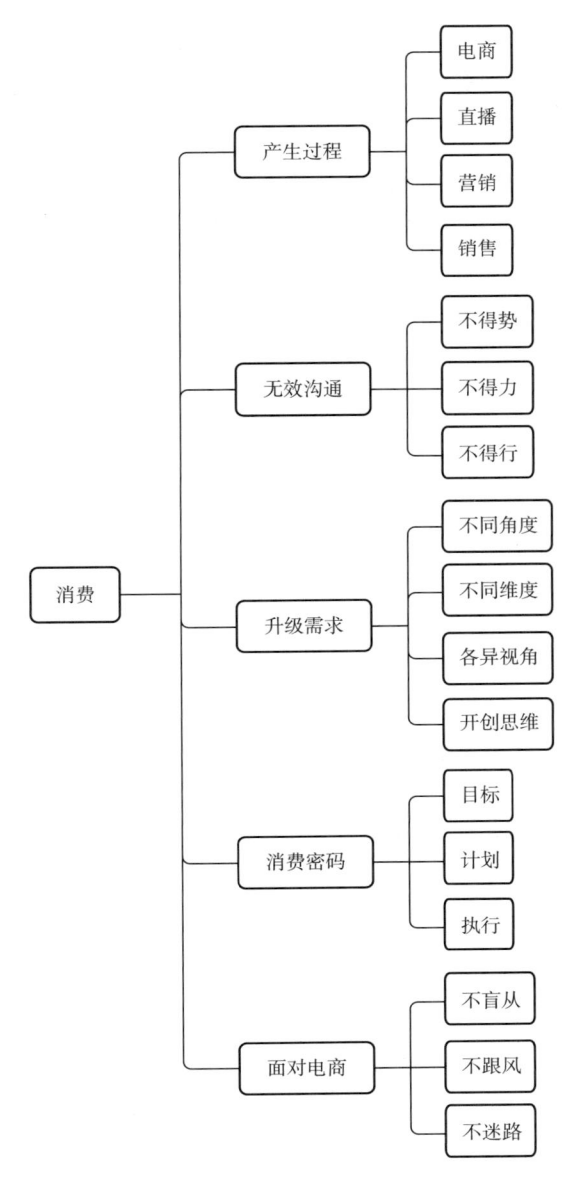

图 5-9 中国调味消费

①私域流量的价值：通过私域运营，品牌可以与消费者建立更紧密的联系。
②创新驱动的市场机会：功能性调味品和健康食材的结合，正在开拓新的市场空间。

三、调味品市场的困境与出路

1. 消费者需求与市场错位

当前调味品市场面临的最大问题是供需错位。消费者对健康、安全的需求与生产企业提供的产品之间存在差距，导致部分产品滞销。

①健康需求的升级：消费者对配料表的关注度显著提高，低添加、清洁标签的产品更受欢迎。

②品质与价格的平衡：低价策略已无法满足消费者对高品质调味品的需求。

2. 市场出路与创新方向

品牌需通过创新和品质升级，满足消费者对健康调味品的需求。例如，0 添加防腐剂的鲜香菜调味品，凭借其健康属性实现了年销售额超 10 亿的市场表现。

①功能性调味品的潜力：如烧椒调味品、水果酸菜等创新产品，正在通过独特风味和健康属性赢得市场。

②私域流量与精准营销：通过私域运营和精准营销，品牌可以更高效地触达目标消费者。

四、调味品销售的本质与未来

1. 销售的本质

销售不仅是产品的交易，更是消费者需求的满足和价值的传递。品牌需通过产品品质和服务体验，与消费者建立长期信任关系（图 5-10）。

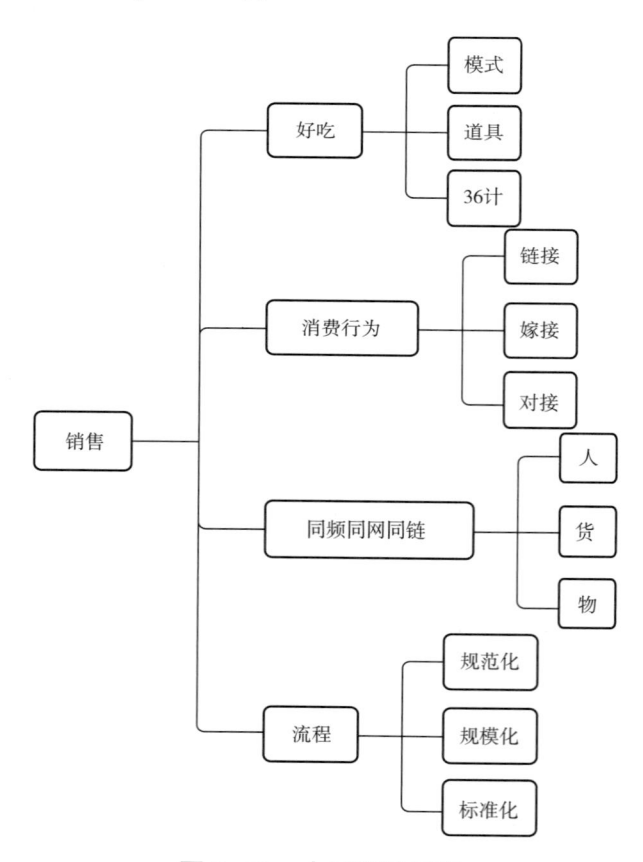

图 5-10　中国调味销售

①消费行为的转变：消费者更注重产品的健康属性和使用体验，品牌需在销售过程中突出这些价值。

②复购率的核心：产品品质和消费体验是提高复购率的关键。

2. 新销售时代的到来

随着消费需求的升级，调味品销售正从传统的价格竞争转向品质和服务竞争。品牌需通过产品创新和精准营销，满足消费者对健康、便捷的需求。

①健康消费的崛起：消费者对健康调味品的需求日益增长，品牌需在产品研发和营销上突出健康属性。

②创新驱动的市场机会：功能性调味品和健康食材的结合，正在开拓新的市场空间。

第六章 中国调味创新趋势

一、中国调味新价值

1. 释放调味未来增长潜力

调味品行业的未来增长潜力巨大，健康需求成为核心驱动力。消费者对健康调味品的需求日益增长，推动行业向高品质、高附加值方向发展。

①内生创新：通过技术创新和消费洞察，打破传统调味品的局限，满足消费者对健康、便捷的需求。

②智能化升级：淘汰低效产能，注重品质、品牌和品位的提升，推动行业向高端化、智能化发展（图6-1）。

③全球化布局：调味品企业加速出海，整合全球资源，开拓国际市场，打造具有国际竞争力的品牌。

2. 调味品估值与延续性

调味品的估值不仅体现在市场规模上，还在于其消费延续性。重复消费率越高，调味品的市场价值越大。

①消费商价值：通过调味品的多功能性和势能，赋能消费商，形成生态闭环，提升产业定位。

②资源配置优化：通过精准引流和资源整合，释放调味品的市场潜力，推动行业持续增长。

3. 调味品行业的宏观现实

当前调味品行业面临量大质不稳、利润微薄等问题，但同时也蕴藏着巨大的市场机会。

①健康需求驱动：消费者对有机、绿色调味品的需求不断增长，为行业提供了新的增长点。

②消费升级：传统调味品逐渐被健康、功能性调味品取代，品牌需通过创新满足消费者对高品质产品的需求。

4. 存量优化与创新突破

在存量市场中，调味品企业需通过优化产品结构和提升品质，实现差异化竞争（图6-2）。

第六章 中国调味创新趋势

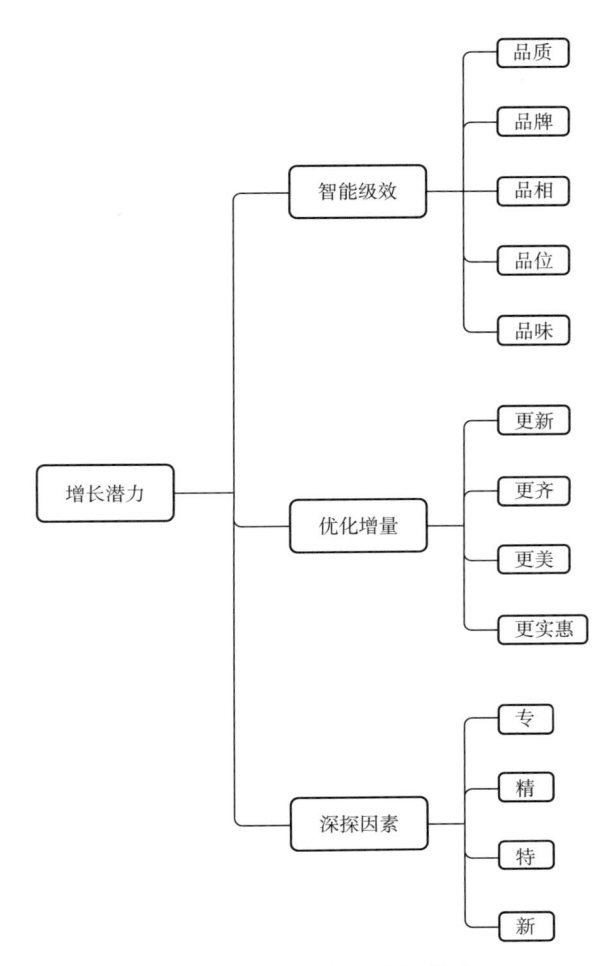

图 6-1 中国调味增长潜力

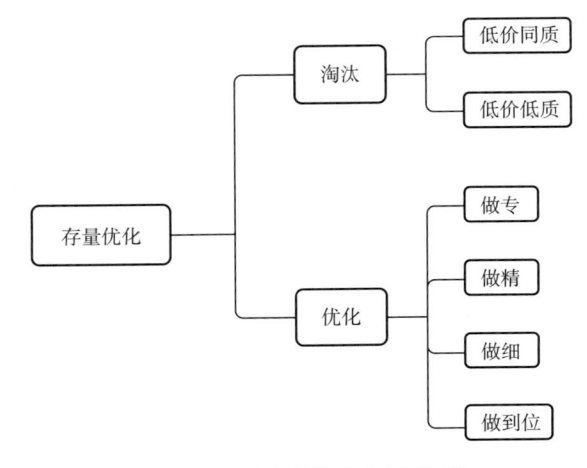

图 6-2 中国调味存量优化

①理性消费趋势：消费者更倾向于选择高性价比、健康安全的调味品，如松茸鲜等高端产品。

②地方特色调味品的崛起：如贵州酸汤、川菜调味料等，通过创新和标准化，逐渐走向全国市场。

5. 调味品的本质与未来

无论市场如何变化，调味品作为日常刚需的地位都不可动摇。

①实体经济的核心：调味品是实实在在的消费品，其价值源于消费者的认可和复购。

②功能拓展：通过挖掘调味品的多功能性，满足消费者对健康、便捷的需求。

二、中国调味新力量

1. 坚定方向的调味品创新

调味品企业需坚持长期主义，深耕健康调味领域，顺应消费趋势，打造具有核心竞争力的产品。

①少而精的产品策略：从多而全转向少而精，聚焦核心产品，提升品牌价值（图6-3）。

②健康与体验并重：通过健康属性和消费体验，赢得消费者的长期信赖（图6-4）。

图 6-3　中国调味品精品化方向　　图 6-4　中国调味双向推进

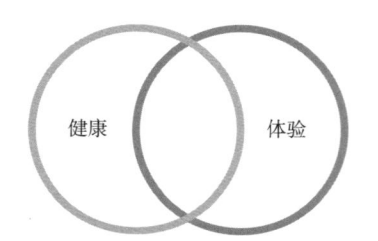

2. 反内卷与技术创新

调味品行业需通过技术创新和产品升级，打破内卷困境，开拓新的市场空间。

①功能性调味品的开发：如0添加防腐剂的泡菜、酸汤等，满足消费者对健康的需求（图6-5）。

②数字化与智能化：通过数智化提升生产效率，降低综合成本，推动行业向高质量方向发展（图6-6）。

3. 调味品的造血功能

调味品企业需通过源头建设、科研合作和品牌打造，提升核心竞争力。

①源头控制：加强原料基地建设，确保产品质量和供应链稳定性。

②科研创新：与国际一流科研机构合作，推动调味品技术的突破与升级。

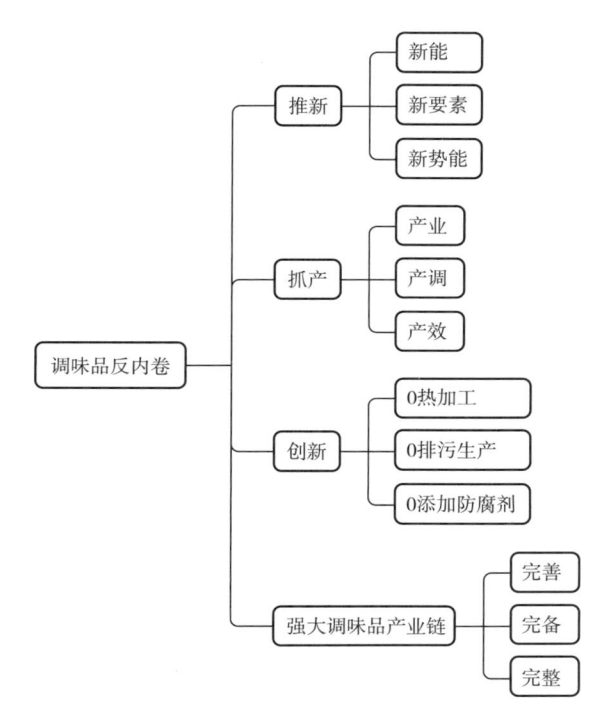

图 6-5　中国调味品反内卷

三、中国调味新变化

1. 调味品需求的变化

消费者对调味品的需求从数量转向质量，健康、功能性产品成为市场主流。

①复合调味品的崛起：通过标准化和便捷化，满足消费者对多样化调味的需求（图6-7）。

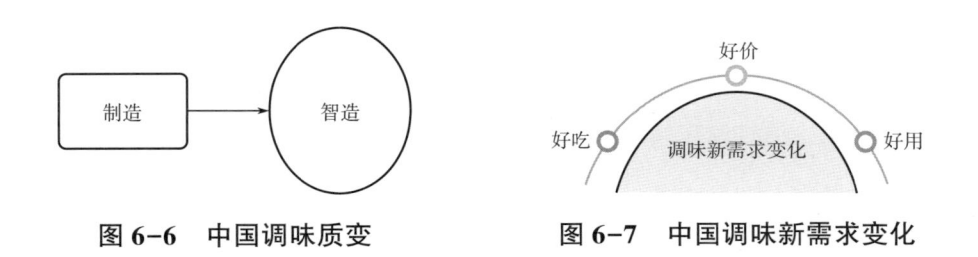

图 6-6　中国调味质变　　　图 6-7　中国调味新需求变化

②地方特色调味品的普及：如柳州螺蛳粉、海南糟粕醋等，通过创新走向全国市场。

2. 调味品渠道的变化

调味品销售渠道从传统线下向线上、私域流量拓展，实现全渠道覆盖。

①精准营销：通过大数据分析和消费者洞察，实现精准触达和高效转化。

②下沉市场：深入三、四线城市和农村市场，挖掘新的消费潜力。

3. 调味服务的核心价值

调味品企业需通过优质服务，与消费者建立长期信任关系。
①透明化生产：让消费者参与生产过程，提升品牌信任度。
②体验式消费：通过线下体验和线上互动，增强消费者的品牌黏性。

四、中国调味新特点

1. 调味品的多样化与标准化

调味品行业正通过多样化和标准化，满足消费者对健康、便捷的需求。
①地方特色调味品的普及：如曲靖酸汤猪蹄、柳州螺蛳粉等，通过标准化走向全国市场。
②功能性调味品的创新：如低盐、低糖、低脂产品，满足消费者对健康饮食的需求。

2. 调味品的全球化与本土化

中国调味品正通过全球化布局和本土化创新，提升国际竞争力。
①进出口贸易：通过进口优质原料和出口特色产品，实现资源整合和市场拓展。
②文化输出：通过调味品传播中国饮食文化，提升品牌国际影响力。

五、中国调味新功效

1. 调味品推动小吃行业发展

调味品的标准化和创新，为小吃行业提供了强大的支持。
①地方小吃的普及：如乐山钵钵鸡、沙县小吃等，通过调味品的标准化实现规模化发展。
②连锁化与品牌化：通过调味品的创新，推动小吃行业向连锁化、品牌化方向发展。

2. 调味品加速餐饮连锁化

调味品的标准化和便捷性，为餐饮连锁提供了强大的支持。
①万店一个味：通过标准化调味品，实现餐饮连锁的快速扩张和市场占领。
②降本增效：通过调味品的创新，降低餐饮成本，提升运营效率。

3. 调味品激活烧烤行业

烧烤行业的快速发展，离不开高品质调味品的支持。

①特色蘸料的创新：通过独特风味，提升烧烤的消费体验。
②全球化趋势：通过调味品的创新，推动烧烤行业走向全球市场。

六、中国调味新规律

1. 消费价值的深度挖掘

调味品企业需通过深度挖掘消费需求，实现精准营销和高效转化。
①数据驱动：通过大数据分析，洞察消费者行为，优化产品和服务。
②体验式营销：通过线下体验和线上互动，增强消费者的品牌黏性。

2. 持之以恒地创新与突破

调味品企业需通过持续创新，打破市场瓶颈，实现长远发展。
①技术突破：通过科研合作和技术创新，提升产品竞争力。
②品牌建设：通过品牌塑造和文化输出，提升市场影响力。